Max Wertheimer
Zur Gestaltpsychologie menschlicher Werte

Max Wertheimer

Zur Gestaltpsychologie menschlicher Werte

Aufsätze 1934–1940
Herausgegeben und kommentiert
von Hans-Jürgen Walter

Mit einem Vorwort von Albert Einstein und
einer Kurzbiographie von Michael Wertheimer

Westdeutscher Verlag

Der Westdeutsche Verlag ist ein Unternehmen der Verlagsgruppe Bertelsmann International.

Umschlaggestaltung: Horst Dieter Bürkle, Darmstadt
Druck und buchbinderische Verarbeitung:
W. Langelüddecke, Braunschweig
Printed in Germany

ISBN 3-531-12158-8

INHALT

VORWORT

Die Aufsätze Max Wertheimers über Wahrheit, Ethik, Demokratie und Freiheit, hier zum ersten Mal in Deutsch, der Muttersprache des Verfassers, in einem Band vereinigt, haben seit ihrer Entstehung vor 50 Jahren nichts an Aktualität eingebüßt. Als 1950 zum ersten Mal ein Band mit diesen Aufsätzen in den USA geplant war, schrieb Albert Einstein ein Vorwort: auf deutsch. Der Leser findet es auf den Seiten 9 und 10. Albert Einstein war - die Freundschaft zwischen beiden machte es möglich - "Versuchsperson" Max Wertheimers; das Ergebnis findet sich in dem von Wolfgang Metzger ins Deutsche übertragenen und schon als amerikanische Originalausgabe 1945 posthum erschienenen Werk "Produktives Denken" (deutsch: 1964) als Kapitel VII unter der Überschrift: "Einstein: Das Denken, das zur Relativitätstheorie führte".

Dankbar bin ich insbesondere Michael Wertheimer, einem der beiden Söhne Max Wertheimers, selbst angesehener Professor für Psychologie an der Universität von Colorado in Boulder, für seinen Anteil an der Entstehung dieses Bandes; er hat sie mit Rat und Tat begleitet, Photos zur Verfügung gestellt und nicht zuletzt sämtliche Übersetzungen in diesem Band, einschließlich der seines eigenen wichtigen Beitrags (S. 132), überprüft und korrigiert. Die

Übersetzungsarbeit hat dankenswerterweise Marianne Kerres mit mir geteilt.

Mir war es immer wieder eine Frage, warum ich erst Jahre nach Abschluß meines Studiums auf diese Arbeiten Max Wertheimers aufmerksam wurde, warum sie nicht längst jemand übersetzt hatte und ob nicht jemand die Übersetzungsarbeit endlich übernähme. Das Fragen half nichts; ich mußte mich selber dran setzen. Daß ich es tat, hat sich für mich gelohnt; meine Überlegungen zur Aktualität Max Wertheimers (S. 167) belegen dies hoffentlich. Es würde mich freuen, wenn viele Leser, nachdem ihnen ja nun die Mühe der Übersetzung abgenommen ist, sich statt dessen die Zeit nähmen, diese Arbeiten mehr als einmal zu lesen, oft genug jedenfalls, um in Erinnerung zu behalten, daß Psychologie es mit dem Menschen, mit einem selbst zu tun hat.

Biedenkopf, im Januar 1990 *Hans-Jürgen Walter*

VORWORT VON 1950*

Albert Einstein

Es war eine gute Idee, diese an verschiedenen Stellen erschienenen Aufsätze Max Wertheimers in einem Bändchen vereinigt herauszugeben. Sie behandeln logisch-psychologische Probleme, die - obwohl an sich allgemeinerer Art und nicht an eine historische Situation gebunden - doch ein bedeutendes aktuelles Interesse beanspruchen können: Sie handeln über Demokratie, Ethik, Freiheit, Wahrheit, mit der Absicht, oberflächliche Betrachtungen durch solche zu ersetzen, die der Gesamtsituation gerecht werden.

Hinter diesen Aufsätzen steht zunächst ein denkmethodisches Bedürfnis, das aus dem Gesichtspunkt der Gestaltpsychologie stammt: Hüte Dich davor, das Erfassen eines Ganzen zu entstellen durch Isolieren der einzelnen Fakten oder durch unscharfe oder gewaltsame Abstraktionen! Zweitens aber leuchtet aus diesen Aufsätzen das Bedürfnis, der Allgemeinheit durch Klärung politisch wichtiger Ideen zu dienen. Ehrlichkeit, Streben nach Einfachheit

---

* Für die nicht zustandegekommene amerikanische Buchausgabe der in diesem Band enthaltenen Aufsätze von Max Wertheimer.

und Unabhängigkeit findet man selten in solcher Reinheit vereinigt.

Besonders gut hat mir der kurze Aufsatz "A Story of Three Days" gefallen, der über die politische Freiheit handelt. Es ist dort sehr hübsch gezeigt, daß Oberflächlichkeit und einseitige Interpretation nicht nur im Journalismus, sondern manchmal auch in der Wissenschaft anzutreffen sind.- Es scheint mir, daß Wertheimer manchmal zu Unrecht die formalen Wissenschaften für Unvollkommenheiten in deren Anwendung verantwortlich macht. Nun, sehe es Dir selbst an, lieber Leser!

Max Wertheimer

über

Wahrheit, Ethik, Demokratie und Freiheit

ÜBER WAHRHEIT [1]

Wissenschaft wurzelt im Willen zur Wahrheit. Sie steht und fällt mit dem Willen zur Wahrheit. Sinkt irgend das Anspruchsniveau in dieser Hinsicht, so erkrankt die Wissenschaft in ihrem Innersten. Nicht nur die Wissenschaft, sondern der Mensch. Der Wille zu reiner, ernster, saubrer Wahrhaftigkeit gehört zu den innersten Bedingungen seiner Existenz; verwischt sich das Anspruchsniveau in dieser Hinsicht, so wird er leicht ein Zerrbild seiner selbst.

Die wissenschaftliche Sachlage bezüglich der Theorie der Wahrheit ist derzeit recht kompliziert. Logiker und Er-

---

[1] Originaltitel: On Truth. Erstveröffentlichung: 1934 in Social Research, Vol. 1, No. 2, May, 1934; neu abgedruckt in M. Henle (Hg.): Documents of Gestalt Psychology. Univers. of California Press 1961.
Eine von M. Stadler erstellte deutsche Fassung, der ein unveröffenlichter Text des Autors in deutscher Sprache zugrundelag, wurde in Gestalt Theory, Vol. 10, No. 2, 1988 veröffentlicht. Die Übersetzungsarbeit des Herausgebers beschränkte sich darauf, diese Fassung mit der von Max Wertheimer veröffentlichten amerikanischen Fassung in Einklang zu bringen. Da die amerikanische Veröffentlichung gegenüber dem Entwurf in deutscher Sprache nur geringfügige inhaltliche Veränderungen und solche aus nachvollziehbaren stilistischen Gründen aufweist, bleibt der deutsche Sprachstil Wertheimers fast durchgehend erhalten (Anm. d. Hg.).

kenntnistheoretiker haben in den letzten Jahrzehnten intensiv an den Problemen gearbeitet; viele Komplikationen sind zutage getreten, auch solche, die die Sache selbst zu gefährden schienen. Manche neuen Ansätze sind gemacht worden; vieles ist in positiver Arbeit geleistet worden. Ich möchte in diesem Aufsatz nur über einen Aspekt der Probleme sprechen, und auf einfachste Weise. Bei dem, was ich hier sagen will, handelt es sich um Dinge, die dem natürlichen Menschen im Gefühl selbstverständlich sind. Aber es ist nötig, daß die Theorie diese Dinge ins Auge faßt. Ich nehme Beispiele aus dem gewöhnlichen Leben.

Ich will ausgehn von der klassischen Definition der Wahrheit, einem Ausgangspunkt, von dem aus sich am einfachsten klar machen läßt, um was sichs hier handeln soll; das, was ich zu sagen habe, gilt allerdings für viele andre Ansätze ebenso. Wahr und falsch sind nach der traditionellen Definition Urteile. Wahr ist das Urteil, wenn der Sachverhalt so ist, wie das Urteil es aussagt, falsch, wenn es nicht zutrifft, was behauptet wird. Wahrheit ist, so verstanden, eine allgemeine Eigenschaft von Urteilen. Es handelt sich um ein Verhältnis zwischen dem Urteil auf der einen Seite und dem Sachverhalt auf der andern Seite.

In der Kritik dieser alten Formulierung hat sich manches Problem ergeben: zum Beispiel, was denn der Terminus "Übereinstimmung" hier streng bedeutet und bedeuten kann? Was ist gemeint, wenn man sagt, ein Urteil solle mit seinem Sachverhalt "übereinstimmen"? Oder wenn die Frage gestellt wird, ob in dem Hinweis auf "den Sachverhalt" nicht ein unerlaubter Transgressus vorliege? Es gibt viele andere prinzipielle Fragen, die zu Neuformulierungen geführt haben.

Aber: Mag es notwendig sein, die These von der Wahrheit im Sinn solcher Fragestellungen zu ändern, andre Formulierungen zu wählen, und sind solche Änderungen in manchem Betracht auch von großer Wichtigkeit - die Forderung, die in der alten These in ihrer simplen Form liegt, ist an sich wichtig genug. Es gibt einfach falsche Zahlen in Statistiken, in Veröffentlichungen. Es gibt Leichtfertigkeit und Schlimmeres in dieser Hinsicht. Das Anspruchsniveau ist häufig gesenkt, besonders hinsichtlich allgemeiner Sätze, in denen von einigem Einzelnen aus, vom Wunsch aus, über ganze Gebiete leichtfertig abgeurteilt wird. Das, was die alte Definition will, ist saubre Tatsachentreue, im Sinn des Zutreffens oder Nicht-Zutreffens der Behauptungen.

Aber Wahrheit will mehr.

Wenn wir die Funktion der Wahrheit im Leben, im lebendigen Denken und Sein betrachten, dann ist die alte Definition unbefriedigend. Ich werde hier nur einen ziemlich einfachen Punkt erwähnen.

Ein Beispiel: Es hat einer einen andren gedungen, für ihn ein Ding aus einer Schublade zu stehlen; der Diebstahl wird entdeckt; der zweite ist schon dadurch belastet, daß er in der Nähe des Hauses gesehen worden ist; der Richter, der von den Zusammenhängen nichts weiß, fragt den ersten, ob er das Ding aus der Schublade herausgenommen habe, und dieser sagt: Nein, gibt sein Alibi und wird entlassen. Er hat nicht das Ding aus der Schublade herausgenommen. Als er sagte, daß er es nicht getan habe, war dies entsprechend der Definition wahr. Nichtsdestoweniger hat er gelogen.

Diese Schwierigkeit muß nicht notwendig die klassische Definition der Wahrheit entwerten. Man könnte sagen, daß die Schwierigkeit an der Art und Weise liegt, in der der Verdächtigte befragt wurde. Der Untersuchungsrichter hätte nicht fragen sollen: "Hast du das Ding aus der Schublade herausgenommen?", sondern "Bist du schuld am Diebstahl dieser Wertsachen?" Warum war der Richter so dumm? Die Dummheit des Richters ist hier nicht von Belang. Sie hat nichts mit der Tatsache zu tun, daß der Mann eine unwahre Aussage gemacht hätte, hätte er gesagt, er habe das Ding herausgenommen. In der alten Terminologie: der Trugschluß von den "vielen Fragen".

Oder, anders gesagt: Man könnte darauf hinweisen, daß das Wort "nehmen" nicht nur den körperlichen Fakt des Nehmens, sondern ebenso seine Ursache meint. Es gibt zwei verschiedene Bedeutungen des Wortes "nehmen". Für jede dieser Bedeutungen bestimmt die alte Definition von Wahrheit klar, was wahr und was falsch ist.

Aber Lösungen dieser Art sind dazu angetan, das Problem unberücksichtigt zu lassen, anstatt es zu lösen. Sie lösen nicht das Problem, sie schieben es bloß zur Seite. Der Weg, an die Lösung eines solchen Problems heranzugehen, so will mir scheinen, ist der, es direkt anzupacken. Die Frage des Untersuchungsrichters an den Verdächtigen ist keine isolierte Tatsache in einem luftleeren Raum. Sie ist ein wesentlicher Bestandteil einer wohldefinierten Situation, in der der Untersuchungsrichter, der Verdächtigte und der Dieb ein charakteristisches Ganzes bilden. Das Detail, daß der Verdächtigte nicht selbst die Wertsachen aus der Schublade entnommen hat, ist eine wichtige und charakteristische Beziehung in der Gesamtsituation. Wäre der Befragte tatsächlich unschuldig, hätte er mit der ganzen Sache nichts zu tun, dann würde dieses Detail in diesem andern Ganzen eine ganz andere Funktion, eine andere Bedeutung, eine andere Rolle haben.

Das Urteil, die Aussage "Ich habe es nicht aus der Schublade herausgenommen" entspricht dem Sachverhalt;

aber einem Stück-Sachverhalt, der aus seinem Zusammenhang herausgerissen ist, blind dafür, wie er Teil seines Zusammenhangs ist, als Stück gesehen wird; oder als Teil eines andern Zusammenhangs, innerhalb dessen der Verdächtige als unschuldig erscheint. Die eigentliche Wahrheit muß jede Aussage und ebenso den ihr entsprechenden Sachverhalt als Teile von Zusammenhängen berücksichtigen. Etwas kann wahr sein in stückhaftem Sinn und falsch, ja Lüge, als Teil in seinem Ganzen. Wir müssen unterscheiden:

den Sachverhalt als Stück $|\,a\,|$,

den Sachverhalt als Teil seines Ganzen $|\,\substack{a\\abc}$,

den Sachverhalt als Teil eines andern Ganzen $|\,\substack{a\\amn}$.

Wir wollen vorläufig stückhafte Wahrheit und Falschheit mit w und f bezeichnen; und die hier gemeinte "eigentliche" Wahrheit, bei der Urteil und Sachverhalt als Teile ihres Zusammenhangs dastehen, mit W und F. Das besprochene Beispiel gibt einen Fall der Form wF. Für die Funktion der Wahrheit und Falschheit kommt es hiernach nicht bloß an auf das Urteil (U) "an sich", auf den Stücksachverhalt (S) "an sich", sondern auf U und S als Teile ihres Ganzen; U und S sind in ihrer Rolle, in ihrer Funktion als Teile ihres Ganzen zu sehen. Die Wahrheit besteht hier nicht nur in der Übereinstimmung zwischen dem Urteil und seinem rohen, isolierten Sachverhalt. Erweist sich, daß der Sachverhalt ein Teil in den Bezügen einer bestimmten Situation ist, dann ist das Urteil wirklich wahr, wenn es nicht nur mit dem Teil als solchem, sondern mit der Rolle, die er in dem Ganzen spielt, übereinstimmt.

Wenn jeder Teil in der Situation von jedem anderen isoliert wäre, wenn unsre Welt so wäre, daß sie überall nur Summen von isolierten Fakten wäre, wenn wir überall nur mit "atomaren Fakten" zu tun hätten, dann wäre die alte Definition der Wahrheit, das w und f, ausreichend. Wenn jedoch diese Tatsachen oder Gegebenheiten nicht in Isolation, sondern als Teile eines Ganzen, bestimmt durch ihre Funktion in diesem Ganzen, existieren, so führt es zu Blindheiten und Falschheiten, wenn man sie als Stücke nimmt.

Die traditionelle Logik ist ihrer ganzen Anlage nach, in allen ihren Regeln und allgemeinen Gesetzen, eingerichtet für Behandlung stückhafter Inhalte, in summativem Zusammenhang. Und sie ist für solche adäquat (und es ist sehr praktisch, daß es auch solche gibt).

Die neue Logistik, die Lehre von den Relationsnetzwerken und den impliziten Definitionen, gibt die Möglichkeit - ja, die Notwendigkeit -, Inhalte als Teil ihres Zusammenhangs zu sehen, allerdings in einem begrenzten Sinn: Hier definiert sich der Inhalt durch seine Stelle in seinem (freilich summativ aufgebauten) Relationsnetzwerk (vgl. die neuen Ansätze zu einer Strukturtheorie der Wahrheit in der Logistik). Die Logistik hat es bisher versäumt, das Verhältnis zwischen Stückinhalt und Teilinhalt zu studieren. In Wirklichkeit besteht vielfach - im Gegensatz zur bloß impliziten Definition - die Möglichkeit, mit Teilen des Systems als Stücken zu handeln. Ja, die Wissenschaft ist meist in der Situation, zuerst solche Teilstücke zu haben.

Bevor wir weitergehn, wollen wir noch kurz einige andre Beispiele der obigen Form wF nennen.

Eine Zeitung schreibt: "Nun ist es klar, was wir von dem Minister X zu halten haben: Bei dem Bankett in P. am 27ten d. M. hat er gegen ... Stellung genommen." Entrüstetes Dementi: "Die Nachricht ist unwahr, wahr ist, daß der Minister in P. überhaupt nicht anwesend war."

Eine Fülle von Beispielen findet man im Gebiet der Statistiken und Bilanzen. Hier hat sich im Verlauf der letzten Jahrzehnte - man braucht dabei nicht notwendig grade nur an gewollte Irreführung zu denken - eine ganze Technik der Form wF entwickelt (die Technik des "Bilanzfrisierens" etc.). Auch Zeitungsberichte von Zeitungen verschiedener Parteien über denselben Sachverhalt geben dem Psychologen und dem Logiker eine wahre Fundgrube für verschiedene Formen des wF.

Dabei ist es, um blinde oder falsche Urteile im Sinn des wF zu erzielen, nicht einmal notwendig, relevante Details zu verschweigen. Alle Tatsachen mögen dem Leser oder Hörer vorgelegt worden sein, aber in einer Weise, die dazu angetan ist, ihn zu täuschen, mit der Technik der Betonungsverschiebung, durch *Umzentrierung*. Ein Beispiel für die einfachste Technik: Im Krieg waren die Zeitungen in einigen Ländern dazu gezwungen, Berichte im genauen Wortlaut des Generalstabes zu veröffentlichen. Sie taten dies; aber sie erreichten, was sie wollten, durch den Gebrauch des Fettdruckes für gewisse Teile, und es geschah oft, daß auf diese Weise ein gänzlich entgegengesetzter Eindruck erzeugt wurde. Ich erinnere mich an Fälle, in denen ich so stark den Eindruck bekam, daß die Berichte verschieden waren, daß ich nicht glauben konnte, es handle sich um die gleichen, bis ich sie Wort für Wort verglichen hatte (vgl. den alten "Trugschluß der Betonung").

Das waren Fälle der Form wF. Systematisch ergeben sich - anstelle der zwei Wahrheitswerte w und f - die vier Kombinationen: wF, wW, fF, fW. Daß es Fälle von wW und fF gibt, ist klar. Gibt es auch Fälle der Form fW? Also: stückhaft falsch, hinsichtlich des Eigentlichen, des Ganzen jedoch wahr? Ja: z.B. den Fall einer ausgezeichneten Karikatur. Sie kann praktisch in jedem Detail falsch und doch eine wahrheitsgetreuere Wiedergabe ihrer Vorlage sein als eine Photographie, die in jedem Detail stimmt. Andere Fälle sind Anekdoten und Geschichten über Menschen, Geschehnisse und Zeitalter, von denen bekannt ist, daß sie erfunden sind, jedoch nichtsdestoweniger den Nagel auf den Kopf treffen. *Se non è vero, è ben trovato*. Aber natürlich müssen sie *ben trovato* sein.

Aussagen dieses Typs bringen jedoch eine Gefahr mit sich. Die Gefahr beruht auf der Tatsache, daß es gewöhnlich leichter ist, die Wahrheit eines Teils in Isoliertheit als in seiner Rolle in dem Ganzen zu beweisen. Tatsächlich sind viele Aussagen, von denen behauptet wird, daß sie wahr in bezug auf das Ganze, auf das Wesentliche seien, tatsächlich falsch - in sich selbst und in bezug auf das Ganze (vgl. die Geschichte mancher "Schemata" in der Wissenschaft).

Wenn wir nun tatsächlich herausfinden wollen, was wahr und was falsch ist, müssen wir unsere Aufmerksamkeit auf die Rolle lenken, die jede einzelne Gegebenheit in dem Ganzen, von dem sie ein Teil ist, spielt.

Diese Notwendigkeit hat eine Anzahl von ebenso interessanten wie schwierigen Problemen hervorgebracht. Das Grundproblem ist hier die Funktion eines Teils als eines Teils seines Ganzen. Dieses Problem ist zentral für die Gestalttheorie. Wir können formulieren: Sachverhalte kommen auf folgende Weisen vor: erstens in Isoliertheit, als solche oder als Einheiten in einer Summe; zweitens als Teile ihres Ganzen - und ein Teil (als Stück) mag in zwei oder mehreren verschiedenen Ganzen eine Rolle spielen. Und es besteht oft die Möglichkeit, etwas, was real als Teil in Frage kommt, als Stück herauszuschneiden. Was sind die Unterschiede in diesen Fällen?

Nun könnte jemand fragen, warum wir von zwei Arten der Wahrheit sprechen und nicht nur von zwei Arten von Daten? Die Antwort ist: Die zwei Arten der Wahrheit können sich auf die gleichen Daten beziehen, aber die eine Art der Wahrheit (W,F) geht an den Kern der Dinge, die andere (w,f) bleibt manchmal äußerlich - nämlich dann, wenn das Objekt nicht bloß eine Und-Summe ist.

Der Weg, der hier beschritten wurde, die Ansetzung einer Wahrheitsfunktion W,F in Relation zu der alten w,f, ist nicht der einzig mögliche Weg für die Theorie. Man kann versuchen, den Sachverhalten auf andern Wegen gerecht zu werden. Auf die in Frage stehenden Probleme kann nur hingewiesen werden, sie können nicht mit wenigen Worten hier eben erledigt werden. Aber: Was not tut, ist, daß die Theorie diese Sachverhalte klar ins Auge faßt. Wie immer man an die Theorie herangeht: Es ergeben sich bei jedem wirklichen Zugehen auf eine theoretische Lösung konkrete Forschungs- und Arbeitsprobleme.

So fremd es der Logik nach üblichen Definitionen und Behandlungsweisen ist, wir brauchen eine Logik dieser Sachverhalte. Und will man es nicht Logik nennen - der Name ist gleichgültig. Ich glaube, daß diese Fragen rechtens zur Logik gehören; es sind nicht Fragen bloßer psychologischer Facta, sondern es handelt sich hier um richtig, unrichtig, adäquat, schief, wahr, falsch, logisch, unlogisch.

Im Versuch eines andern Weges kann man etwa sagen: In all diesem wird nicht die Wahrheitsfunktion tangiert; beim Einbrecherbeispiel z.B. lägen nur verschieden definierte Begriffe zugrunde. Es komme nur darauf an, daß sauber definiert wird und man sich über die Definitionen verständigt. Kann man meinen, daß alle Schwierigkeiten nur darin liegen, daß nicht klar definiert wurde? Man sieht sofort, daß damit das eigentliche Problem nicht gelöst ist; es kommt dann darauf an, welche Definition in einer gegebenen Situation in gegebenem Zusammenhang berechtigt, richtig und sinnvoll ist. Es ist im Zusammenhang hier nicht so, daß es gleichgültig wäre, einfach in subjektivem Ermessen stünde, welche Definition einer wählen will, von welchen Dingen er sprechen will (und spricht). Es gibt Fälle irreführender, unpassender, inadäquater Definitionen. Und hier in der Frage nach der logischen Ansetzung von Definitionen ergibt sich, wenn wir näher hinschauen, auch wieder das Problem von Stück und Teil. Dies ist völlig isomorph zu dem oben Gesagten. (Vgl. die Beispiele 1 bis 3 weiter unten.)

Und ähnlich wie bei den Definitionen ist es bei dem Problem der Abstraktion: Es gibt logisch schlechte, unrechte, irreführende Abstraktionen. Das alles berührt die logischen Probleme der Begriffsbildung.

Das Problem fällt freilich in gewisser Weise weg, wenn man die Logik lediglich als formale Theorie der Deduktion behandelt. Dann fällt die Frage einer adäquaten, sachgerechten Begriffsbildung heraus, und die Zuordnung des Modells zur Wirklichkeit wird eine reine Zufallssache. Aber auch innerhalb einer rein formalen Logik der impliziten Netzwerke ergeben sich ähnliche Probleme.

In der traditionellen Logik und in der Logistik ist die Wahrheitsfunktion w,f fundamental. In einigen der neuesten Entwicklungen werden alle logischen Konstanten oder Operatoren wie *nicht, und, oder, folgt* etc. durch die Tabellen der Wahrheitsfunktionen definiert. Wenn wir der Methode der Vermehrung von Wahrheitsfunktionen folgen, wenn wir W,F in Betracht ziehen, so ergeben sich radikale Konsequenzen. Bei der Durchführung zeigt sich, daß es sich bei den Fällen w,F und f,W um komplizierte Spezialfälle handelt: Man sieht bald, daß das Kernproblem das Problem des sachlichen inhaltlichen Verhältnisses von $|a|$ und $|^{a}_{abc}$ ist. Wann, wie, worin sind sie verschieden? Erledigungen wie, daß der Inhalt des Teils bei Abstraktion, bei Erscheinen des stückhaft Gleichen in verschiedenen Ganzen doch jedenfalls derselbe bleibe, erweisen sich bald als zu glatt. Ob eine Verschiedenheit vorliegt und welche - Verschiedenheit in der Rolle, in der Funktion, in der Dynamik oder gradezu des Inhalts selbst -, ist eine Forschungsaufgabe, die zu sehr konkreten und formalen Problemen führt.

Wenn man $|a|$ und $|b|$ in ein Real-Verhältnis als Teile eines Ganzen setzt, so hat man jedenfalls nicht einfach diese beiden jedes für sich wie vorher, sondern die Frage der Veränderung muß in Betracht gezogen werden: $|a| + |b| > |^{a}_{ab} + |^{b}_{ab}$. Und ebenso ist es bei der Abstraktion: $(|^{a}_{ab} + |^{b}_{ab}) - |^{b}_{ab}$ gibt bei ganz blinder oder bei real völliger "Abstraktion" $|^{a}_{a}$, $|a|$. Das ist schon bei Relationsnetzwerken so: Nimmst du einem System einen Teil wirklich weg, so ist das übrigbleibende, implizit definiert, wesentlich verändert. Und dieselbe Frage liegt vor, wenn man das Verhältnis von $|^{a}_{abc}$ und $|^{a}_{amn}$ in Betracht zieht.

Die allgemeine Wissenschaft der Logik erfordert die gleiche rigorose Genauigkeit wie die klassische Logik, aber die klassische Logik repräsentiert einen speziellen Fall wie der euklidische Spezialfall in der Geometrie. Er ist adäquat für den größten Teil der Fälle, in denen der innere funktionale Gehalt gegen Null geht.

Eine prinzipielle Schwierigkeit könnte in folgendem gesehen werden. Soll für die Wahrheitswerte $|a|$ oder $|^{a}_{a}$ und $|^{a}_{ab}$ unterschieden werden, ist es dann nicht so, daß ebenso in gleicher Weise die Unterschiede $|^{a}_{abc}$ und $|^{a}_{abcd}$ usf. in Betracht kommen? Ergäbe sich da nicht radikale Unbestimmtheit? Wäre man da nicht vor Erschöpfung aller Daten dauernd in der Gefahr, daß sich ein wW in ein wF verwandelt? Und eine solche Erschöpfung aller Daten ist ja unmöglich.

Es gibt tatsächlich Fälle der Verwandlung von Wahrheitswerten. Sieht man näher zu, so sieht man bald, daß es sich hier nicht um einen Einwand, sondern um ein Forschungsgebiet handelt. Zunächst: Es ist nicht so, daß durch Weiterhinzufügung irgendwelcher Teile überall der Wahrheitswert weiter tangiert wird. Es hängt nicht alles mit allem in gleicher Weise zusammen; es gibt relativ in sich geschlossene Sachgebiete und Fragen. Fügt man zu bestimmten Sachverhalten immer weiter irgend neue hinzu, so sieht man, daß von bestimmter Stelle an der Wahrheitswert tatsächlich nicht weiter variiert. Und das hat seine inneren Gründe. Eine Gestalt begrenzt sich selbst; während im allgemeinen Variation eines Teils Mitvariation der andern fordert, ist das z.B. nicht mehr so der Fall, wenn eine Variation außerhalb der Grenzen der Gestalt stattfindet. Die Frage der Abgrenzung einer Gestalt - wie einer Alltagssituation - ist nicht eine Frage des Beliebens, sondern steht ebenso unter Gesichtspunkten von richtig und unrichtig, logisch und unlogisch.

Im übrigen: Wenn es Gebiete gibt, wo das hier Besprochene fraglich ist, so soll man sich dadurch nicht den Blick verstellen lassen: Die tatsächlich vorkommenden Fälle von wF sind oft von gröbster Eindeutigkeit.

Ein Spezialfall sei erwähnt. Es kommt vor, daß beim Streit zweier Parteien der rechte Weg in folgender Form gefunden wird: Für jede der beiden Parteien sind zunächst ihre Gesichtspunkte relevant; die Verschiedenheit der Sichtweisen scheint zunächst unüberbrückbar, es ist zunächst $|^{a}_{ab}$ da von Seiten der einen Partei und $|^{a}_{ac}$ von Seiten der andern, sie stehen sich schroff gegenüber; gefunden wird $|^{a}_{abc}$ als Lösung: die gemeinsame Lösung unter Berücksichtigung der Gesichtspunkte der beiden, statt einer Vergewaltigung der einen durch die andre.

Die Form dieses Lösungsweges berührt die Fragen nach dem Einfluß des sozialen und kulturellen Standorts in den neuen Diskussionen über die Theorie der Wahrheit.

Ich möchte hier noch einige einfache Beispiele einfügen, die die grundlegenden theoretischen Punkte illustrieren.

1. Hier zwei musikalische Motive:

Dem Motiv links entsprechend nehme man die Fortsetzung in Des-Dur an; rechts in D-Moll; aber solche Fortsetzung ist nicht unbedingt nötig.

Nun sagt einer etwa: Die beiden ersten Töne des zweiten Motives und sein erstes Intervall sind dieselben wie im Motiv links. Das ist wahr, fürs Piano. Der Musiker sagt: Du hast nichts begriffen. Rechts ist da eine verminderte Quart, links eine große Terz; der zweite Ton links ist etwa die Tonika, aber rechts Leitton. Und es wäre falsch, unlogisch, wenn Du im Motiv rechts den zweiten Ton als Des schreiben würdest. Hörst Du sie nicht in diesen Verschiedenheiten,so hast Du überhaupt nicht begriffen,was in den

Motiven vorliegt.[2] Und tatsächlich intoniert der Sänger, der Geiger in den beiden Fällen vielfach real verschieden.

Wir haben hier unsern Fall, wenn nicht zwei Motive in Frage kommen, sondern das rechte vorliegt und der Hörer die beiden ersten Töne "für sich herausfaßt", wirklich "herausabstrahiert", blind dafür, welche Rolle, welche Funktion sie in ihrem Ganzen haben (wF).

2. Man hat mehrere aufeinanderfolgende Glieder einer mathematischen Reihe vor sich; man entwirft die Formel; und sieht dann, wie Formel und Gliedstruktur und Variabilität ganz anders sind, wenn man den weitern Verlauf in Betracht zieht. Oder: Man hat eine mathematische Reihe; charakterisiert sie durch eine bestimmte Formel; blind dafür, Glied welcher Schar von Kurven diese Reihe ist.

3. Oder: Ein Ingenieur findet bei seinen Messungen, daß sich eine schräge Grade ergibt. Aber Messungen in andern Teilgebieten zeigen, daß es sich nicht um eine Grade, sondern um die Asymptote einer Hyperbel handelt.

Ein weiterer Schritt ergibt sich, wenn man nun hier die Bemerkung am Schluß der wF Beispiele oben in Betracht

---

[2] Vergleiche die Beispiele in der *Zeitschrift für Psychologie*, 1933, 129, S. 353 ff. [in Max Wertheimer: Zu dem Problem der Unterscheidung von Einzelinhalt und Teil; Ergänzung v. Hg.].

zieht. Alle "Data" mögen in Summe gegeben sein, alle Töne der Melodie, alle Glieder der Reihe - nichts mag also weggelassen sein von der Summe der Data. Und dabei braucht doch nichts begriffen zu sein. Von dem, was wirklich vorliegt, braucht noch überhaupt nichts gesehen worden zu sein in all den Fällen, in denen die Summe der Data als Summe der einzelnen Stücke oder Bruchstücke da ist; und dabei mögen alle einzelnen Relationen, einzeln in Summe, auch mitgegeben sein. Neben dem wF und wW haben wir hier das w(?).

Fragt einer ernst: "Sage mir die Wahrheit über diese Sache", dann kann in der Antwort eine Menge von einzeln Zutreffendem gesagt sein und kann den Fragenden ganz blind lassen.

Begriffen, erfaßt, kapiert habe ich nicht, wenn ich alles Einzelne in Summe weiß, wenn ich nicht den innern Zusammenhang des Ganzen erfaßt habe, die inneren bestimmenden Prinzipien, und von da aus die einzelnen Data als Teile da sind, transparent, sich von da aus bestimmend. Auch hier handelt es sich um sachliche Probleme, um das Problem des Erfassens, was wirklich vor sich geht beim Übergang vom Nichtverstandenen zum Verstandenen. Die gleiche Art des Begreifens ist notwendig, um eine sinnvolle Vorhersage zu machen.

Ich möchte hier kurz noch auf einen zweiten Punkt hinweisen. Die klassische Ansicht, der zufolge Wahrheit und Falschheit Qualitäten von Aussagen oder Behauptungen sind, scheint die Bedeutung von Wahrheit und Falschheit künstlich zu begrenzen. Es kommt nicht allein und in erster Linie darauf an, was einer sagt oder erklärt. Wahrheit und Falschheit, ja Begreifen, ist nicht notwendigerweise etwas rein Intellektuelles, fern von Gefühlen und Haltungen. In vielen der obigen Beispiele ist das wichtigste nicht der Satz, sondern die ganze Einstellung, die Verhaltensweise zur Sache selbst. Wahrheit oder Falschheit ist viel mehr im gesamten Gebaren von Menschen als in ihren Verlautbarungen lebendig, mehr in dem, was einer tut, wie er sich real verhält zu andern Menschen und Dingen, in seinem Willen, ihnen gerecht zu werden, in rechtem Zusammensein mit ihnen zu leben. Hier liegt auch der innere Zusammenhang zwischen Wahrheit und Gerechtigkeit. Im Gebiet der realen Handlungen und Verhaltensweisen wiederholt sich das Problem des Unterschieds zwischen Stück und Teil.

Wissenschaft wurzelt im Willen zur Wahrheit.

Wenn klar ist, daß die Wissenschaft nicht nur saubere Tatsachentreue verlangt, so unerläßlich sie ist, sondern mehr - das was hier mit W angedeutet wurde; wenn die Entscheidungen hier schwieriger sind; wenn etwa in bestimmten Wissenschaftsgebieten aus technischen oder prinzipiellen Gründen derzeit überhaupt keine sicheren Entscheidungen möglich sein sollten; so darf das nicht zu einer Erweichung der Wahrheitsforderung führen. Sondern: Wachsen die Schwierigkeiten, so wächst die Verantwortung für den Wissenschaftler; wächst die Forderung reinen Wahrheitswollens, die Forderung jener Einstellung zu den Sachen selbst, die Wahrheit und reine Wahrheit will, die den Sachen gerecht werden will, nicht verfärbt von Wünschen oder Befehlen.

Hier liegt die eigentliche Wurzel für die Forderung, daß Wissenschaft freie Diskutierbarkeit verlangt; im Interesse der Sicherstellung sauberer Tatsachentreue und Zentrierung; in der Einstellung jedes wissenschaftlichen Arbeiters in seinem Gebiet, in der Bereitschaft zur sorgfältigsten Überprüfung seiner Thesen. Allzuleicht wird eine Konzeption vom Wünschen und Wollen beeinflußt, allzuleicht wird sie, statt Objekt der Forschung, Götze, Selbstzweck. Auch wenn man meint, daß die Wissenschaft Diener des Lebens sein solle, gebe man acht, daß das Werkzeug sich nicht selbst korrumpiere: Es ist schon wichtig, dies schöne Werkzeug, die Wahrheitsfindung, rein zu erhalten.

Aber es handelt sich nicht nur um ein Werkzeug; es handelt sich um den Menschen selbst.

EINIGE PROBLEME IN DER THEORIE DER ETHIK [1]

Die alte Vorstellung vom *homo sapiens* impliziert, daß einige Fähigkeiten, einige Begabungen für den Menschen wichtig (wenn auch nicht immer tatsächlich verwirklicht) sind. Dazu gehören: die Fähigkeit und die Tendenz zu verstehen, Einsicht zu erlangen; ein Gespür für Wahrheit, für Gerechtigkeit, für Gut und Böse, für Ehrlichkeit. Mit der Verwirklichung dieser Fähigkeiten verknüpft ist die alte Vorstellung von Menschenwürde als einer inneren Aufgabe des Menschen. Man ist nur dann wirklich ein Mensch, wenn ..., wir haben nur dann eine wirklich humane Gesellschaft, wenn ...

Diese Vorstellung vom *homo sapiens* übersieht menschliche Blindheiten, Schwächen nicht, auch nicht die Unterschiede zwischen Menschen und zwischen Situationen. Sie übersieht die Tatsache nicht, daß diese Fähigkeiten oft verborgen und überwuchert sind, daß ihre Entwicklung

---

[1] Aus dem Amerikanischen von Marianne Kerres und Hans-Jürgen Walter.
Originaltitel: Some Problems in the Theory of Ethics. Erstveröffentlichung: 1935 in *Social Research*, Vol. 2, No. 3; neu abgedruckt in M. Henle (Hg.): Documents of Gestalt Psychology. Univ. of California Press 1961 (Anm. d. Hg.).

manchmal erschwert ist; daß nicht jeder Mensch immer ein *homo sapiens* ist, daß er manchmal sein eigenes tragisches Zerrbild sein kann; daß es häufig Bedingungen und Umstände gibt, die ihre Entwicklung oder Verwirklichung stören; daß es Kräfte gibt, die oft diese menschlichen Qualitäten verbergen oder ihrer Entwicklung entgegenstehen.

Heutzutage begegnen wir oft einer These, die der Vorstellung vom *homo sapiens* radikal widerspricht. Diese These behauptet, daß es einfach falsch sei, vom "Menschen" in dieser Weise zu sprechen, daß "der Mensch" nur eine blasse Abstraktion, eine Fiktion sei. Sie versichert, daß Menschen, Rassen, Kulturen in ihren Vorstellungen und Bewertungen fundamental voneinander verschieden sind. Gemäß dieser These ist es sinnlos, von *der* Ethik zu sprechen, haben wir nur eine Vielfalt von verschiedenen Systemen und Bewertungen, und diese sind nichts als historische Ereignisse, die sich mit dem historischen Prozeß ändern. Alle Werte sind dementsprechend von Grund auf relativ, veränderlich in Raum und Zeit. Wenn wir die Systeme von Axiomen hinsichtlich der Ethik verschiedener Völker und Epochen konstruieren, haben wir als Resultat lediglich eine Summe verschiedener Systeme. Jedes System ist nur ein Tatbestand, wie jedes andere System auch.

Heutzutage gebrauchen viele diese Doktrin der Relativität der Ethik im Sinne einer Behauptung, die sich von selbst versteht.

Vielfältige Faktoren haben zur Entstehung dieser These beigetragen. Ich werde hier nur zwei wesentliche Faktoren aus der Entstehung der Naturwissenschaft erwähnen. In den letzten Jahrzehnten haben die speziellen wissenschaftlichen Untersuchungen zu unserem Thema glücklicherweise eine bedeutende Weiterentwicklung erfahren, die Untersuchungen, in denen es um die Aufdeckung der zahlreichen Tatsachen in Ethnologie, Soziologie und Kulturgeschichte geht, die für unsere Probleme von Bedeutung sind. Durch die Ansammlung dieser Resultate, haben wir bis zu einem gewissen Grad Material für den Vergleich an der Hand. Es wurde von sehr unterschiedlichen moralischen Konzepten und Bewertungen berichtet. Manche haben daraus den Schluß gezogen, daß Verschiedenartigkeit sich als ein fundamentalcs Prinzip erwiesen habe und daß die alte Idee der Einheitlichkeit nur eine leere Fiktion sei. Dementsprechend müsse diese alte Idee nurmehr als eine historische Tatsache betrachtet werden, bestimmt von den Bedingungen der Zeit und des Ortes, unter denen sie entwickelt wurde.

Gewisse Aspekte der modernen Logik haben diese Entwicklung förmlich begünstigt. Axiome erscheinen heute oft nur als Aussagen, welche so gewählt sind, daß die einzelnen Gegebenheiten innerhalb eines Systems von ihnen abgeleitet werden können. Manche formulieren das Problem folgendermaßen: Die Aufgabe der Wissenschaft kann nur darin bestehen, die einzelnen Tatsachen innerhalb eines Feldes festzustellen und ordnungsgemäß nach allgemeinen Aussagen zu suchen, die diese Tatsachen repräsentieren. Die Bereiche der Logik und der Mathematik ausgenommen, haben Axiome einen willkürlichen Charakter. Das jeweilige Gegenteil einer gewissen Art von Axiomen ist immer vorstellbar; mit Differenzen zwischen Axiomen kann man nicht anders als durch willkürliche Entscheidung fertig werden. So kann also das Bewertungssystem einer bestimmten sozialen Gruppe durch ein bestimmtes System von Axiomen repräsentiert werden, und die Bewertungen einer anderen Gruppe werden von anderen Axiomen repräsentiert. "Es findet sich kein Weg, weder durch logische Argumentation, noch durch wissenschaftliche Demonstration von Tatsachen, zu entscheiden, welche von zwei miteinander unvereinbaren Normen richtiger ist als die andere. Die Entscheidung zwischen zweien solcher Normen muß eine willkürliche sein; alle Normen sind Tatsachen mit einem absolut gleichberechtigten Anspruch auf Anerkennung." So gesehen haben wir verschiedene Systeme ethischer Axiome, die einfach verschiedene Bündel von Tatsachen repräsentieren, und das ist alles.

Also mag jemand formulieren: Voneinander abweichende Axiome von Bewertungen, selbst wenn diejenigen in dem einen von zwei Systemen denen im andern widersprechen, sind gleichermaßen vernünftig. Man bekommt eine andere, gleichermaßen vernünftige Ethik, wenn man die Bewertungszeichen in den Axiomen der einen Ethik umkehrt, indem man bei den Normen plus durch minus und minus durch plus ersetzt.

Diese letzte Behauptung ist bestimmt nicht wahr. Gibt es nicht, sowohl auf der technischen als auch auf der menschlichen Seite, allgemeingültige Bedingungen für menschliche Gesellschaften, welche die Möglichkeiten begrenzen? Gibt es nicht Übereinstimmungen in den Bedingungen für menschliche Gesellschaften und für Menschen?

Doch zuerst möchten wir hier eine formale Frage stellen: Ist der direkte Schluß von der Feststellung unterschiedlicher (widersprüchlicher) Tatsachen hinsichtlich Bewertungen auf die Heterogenität der Axiome logisch gültig?

Keineswegs. Er wäre auf eine einfache Art gültig, wenn hier das Ziel in nichts anderem bestünde als in einer bloßen Auflistung nackter Tatsachen; wenn es keine Unterschiede gäbe in der Bedeutung der Inhalte, in der Verursachung und der Bestimmung von Haltungen, die unser

Problem berühren; wenn alle Tatsachen den gleichen theoretischen Rang hätten; oder wenn ich die Tatsachen betrachtete, ohne weitergehende theoretische Überlegungen, psychologische oder soziologische, anzustellen, wenn ich sie, herausgerissen aus ihrem bestimmenden Zusammenhang, betrachtete und sie als solche miteinander vergliche. Aber Bewertungstatsachen wird man nicht gerecht, wenn man es sich mit ihnen so leicht macht, als hätten sie alle den gleichen Rang. Da gibt es beispielsweise entscheidende psychologische Unterschiede in der Vorherbestimmung. Ich brauche nur an Suggestion, Trägheit, temporäre Blindheit zu erinnern.

Denken Sie an ein relativ einfaches Beispiel. Es kommt häufig vor, daß Menschen sich an einer Massensituation im psychologischen Sinne begeistert beteiligen, und kurze Zeit später ist ihnen völlig unverständlich, wie sie sich so unbesonnen verhalten konnten. Sie taten es, psychologisch betrachtet, unter den besonderen Bedingungen der Massensituation, die sie blendete. Ihr Verhalten war nur möglich, weil ihr Bewußtseinsfeld ungeheuer eingeengt oder weil das Feld der in der aktuellen Situation entscheidenden Faktoren eingeengt war.

Ist es korrekt, den Übergang vom einen Zustand zum anderen einfach als einen Übergang vom einen System der Ethik zu einem anderen zu beschreiben? Und haben wir dann einfach zwei gegensätzliche Systeme von Axiomen mit gleicher Bedeutung und gleichem Rang? Ist mit einer solchen Behauptung unser Problem zufriedenstellend gelöst? Besteht die Aufgabe der Wissenschaft hier nur darin, die nackten Tatsachen festzustellen und Verallgemeinerungen zu formulieren, die unterschiedlichen Axiome festzustellen? Müssen wir nicht untersuchen, was diese verschiedenen Arten des Verhaltens verursacht hat? Und ist es nicht in solchen Fällen möglich, daß unterschiedliche Bedingungen zu unterschiedlichem Verhalten geführt haben und zu unterschiedlichen Bewertungen, obwohl die Prinzipien der Bewertung identisch sind? Temporäre Blindheit gegenüber einigen der beteiligten Faktoren kann bei identischen ethischen Prinzipien das tatsächliche Verhalten verändern.

Bedingungen von der Art wie Blindheit sind lediglich spezielle Fälle. Es liegt nahe, an einen anderen Geschehenstypus zu denken. Durch eine Täuschung, eine täuschende Suggestion, durch eine gängige Theorie, durch ein bestimmtes Vorurteil, durch eine Gewohnheit oder Tradition ist Verhalten oder Bewertung gegenüber einem A in einer bestimmten Weise geartet, und zwar so, daß dieses A unter diesen Bedingungen für diese Person ein B bedeutet. Das Resultat ist ein offensichtlicher Widerspruch zwischen den Bewertungen von A in verschiedenen Gruppen, aber bedeutet nicht unbedingt eine Differenz in der fundamentalen Kausal- und Richtungsbewertung von B. Wir haben dann eine Verschiedenartigkeit, eine Relativität in bezug auf die Bedeutung von A, aber vielleicht eine Identität hinsichtlich des bestimmenden Prinzips B. Und in ähnlicher Weise, aufgrund eines identischen Grundbedürfnisses, erfordern verschiedene biologische oder soziologische Bedingungen oft unterschiedliche faktische Bewertungen eines sichtbaren Inhalts A, eines A`s, welches nur dann das gleiche ist, wenn man es als eine isolierte Tatsache nimmt, aber anders in der Rolle, die es in der Ganz-Situation spielt.

Das logische Muster soll am simpelsten, kargsten Fall illustriert werden. In der einen Gruppe mag es eine positive Bewertung, eine positive Reaktion gegenüber dem Objekt A geben, in einer anderen Gruppe gibt es die nicht. Nun, muß ich fragen, was ist der Grund, was ist die Ursache für diese positive Bewertung von A in der ersten Gruppe? Es kann, im simpelsten Fall, eine konditionierte Reaktion sein. Das A wird solcherart bewertet, weil das so konditioniert worden ist, mit B verknüpft worden ist, das positiv bewertet wird.[2] Es kann dann vorkommen, daß wir in beiden Gruppen die gleiche grundsätzlich positive Bewertung von B vorfinden.

---

[2] Die Reaktion auf A kann der "konditionierte Reflex" sein, die Reaktion auf B der Reflex.

	Gruppe I		Gruppe II	
Erster Schritt:				
Tatsächl. Bewertungen				
(kondit. Reaktionen)		A+		
Konditionierung		BA+		
Quellen (Axiome,Reflex)		B+		B+
Zweiter Schritt:				
Tatsächl. Bewertungen	A+		A-	
Konditionierung	BA+		DA-	
Quellen	B+,	D-	D-,	B+
Dritter Schritt:				
Tatsächl. Bewertungen	A+,	C-	C+,	A-
Konditionierung	BA+,	DC-	BC+,	DA-
Quellen	B+,	D-	B+,	D-

Der nächste Schritt besteht darin, daß sich ein A als Teil, in seiner Rolle, in seiner Funktion in verschiedenen Ganz-Situationen notwendigerweise verändert. Dieser Schritt geht über die rein summativen Konstellationen hinaus.[3]

Bei dem Versuch, das verfügbare Faktenmaterial über die verschiedenartigen Bewertungen, soweit wir sie auf der Grundlage des gegenwärtigen Forschungsstandes kennen, unter Beachtung der damit verbundenen theoretischen Probleme durchzusehen, stößt man auf ein Gemisch unterschiedlicher Dinge. Einerseits haben wir Bewertungen, die sich aus veränderlichen Bedeutungen entwickelt haben, aus sich wandelnden traditionellen Gewohnheiten,

---

[3] Vgl. Max Wertheimer: Über Wahrheit (in diesem Buch).

Gebräuchen, gängigen Theorien, Unterschieden hinsichtlich der Situation usw., und zwischen ihnen besteht eine auffällige Verschiedenartigkeit. Diese Fakten liefern uns nicht unmittelbar die Quellen und Prinzipien der im Verhalten sich äußernden Bewertungen. Wenn wir andererseits nach echten Prinzipien, Axiomen forschen, finden wir, daß die Sachlage in den meisten Fällen nicht genügend aufgeklärt worden ist; wenn wir nach widersprüchlichen Normen suchen, welche direkt, klar, unmißverständlich eine Grundlage für einander sich widersprechende Axiome bilden könnten, dann ist da wenig Material zur Hand; wenn wir nach sich widersprechenden Unterschieden in einfachen menschlichen Beziehungen suchen, in Fällen, die nicht Mißverständnisse usw. komplizieren, in Situationen, in denen sich klar offene, freundliche Aufrichtigkeit oder intrigante, gerissene, selbstsüchtige, kleinliche Unaufrichtigkeit äußert, verständnisvolle Einsicht, wirkliche Integrität oder rücksichtslose, egoistische, herzlose Grausamkeit oder offensichtliche brutale Ungerechtigkeit - dann scheinen die Tatsachen eher deutlich in die Richtung fundamentaler Identitäten zu weisen.

Vielleicht können wir bereits die Anfänge eines dritten Stadiums in der wissenschaftlichen Entwicklung ausmachen. In einer früheren Periode, dem ersten Stadium, bediente sich die Ethnologie europäischer Vorstellungen einfach als universeller und aus sich selbst verständlicher

Maßstäbe. Dann brachte ein vergleichendes Studium verschiedener Gesellschaften eine Fülle verschiedener Bewertungen ans Licht, was zu dem zweiten Stadium führte: Da schien es einfach Vielfalt zu geben, verschiedene ethische Systeme. Heute scheint die Situation in der Ethnologie zu einem dritten Stadium fortzuschreiten. Zum einen: Wir haben erfahren, daß wir bei der Bestimmung der Bewertungen so viele biologische, soziologische, religiöse und historische Komplikationen in Betracht ziehen müssen, daß wir einsehen: Der Schluß von einzelnen Tatsachen der Bewertung auf Vielfalt von Prinzipien und Axiomen ging zu hastig vor sich; die offensichtlichen Unterschiede sind keine unmittelbare Evidenz für die Unterschiede in den Axiomen. Zum andern: In klaren Fällen menschlicher Beziehungen, die nicht zusätzlich durch "Bedeutungsabwertungen" von Begriffen wie Wahrheit und Falschheit, Gerechtigkeit und Ungerechtigkeit kompliziert worden sind, tendieren die Tatsachen mehr in die Richtung von fundamentaler Identität als in die Richtung von einander widersprechenden Normen.

Die Probleme einer wissenschaftlichen Ethik sind sehr verwickelter Natur. Wenn die Probleme wissenschaftlich untersucht werden sollen, müssen wir versuchen, die vielen damit verknüpften Probleme sorgfältig zu unterscheiden, und bescheiden Schritt für Schritt vorwärtsgehen, um Klarheit über das Untersuchungsfeld zu gewinnen. Wir müssen die Unterschiede in der Verursachung, in der Bestimmung wirklicher Werte untersuchen. Wir müssen ebenso die Unterschiede in den logischen Strukturen der Bewertungstatsachen untersuchen. Ich möchte hier nur ein einziges von den vielen Problemen auf diesem ergiebigen Feld hervorheben, einen Punkt, der in den gegenwärtigen Theorien oft übersehen wird.

Es ist üblich, von Werten undifferenziert zu sprechen, so als ob sie lediglich in ein bestimmtes Schema passen könnten. Das gewöhnliche Schema sieht so aus: Wir haben auf der einen Seite ein Objekt, einen Inhalt und auf der anderen Seite das subjektive Gefühl, das subjektive Werturteil. Dem Objekt wird lediglich eine Bewertung hinzugefügt; diese kann positiv oder negativ sein; die Bestimmung ist subjektiver Natur. Logisch gesprochen werden Bewertungen dem Objekt extern zugeschrieben und sind willkürlich im Hinblick auf das Objekt.

Das folgende Beispiel soll der Illustration dieses Schemas dienen.

Ich nenne eine Speise gut, weil sie mir gut schmeckt oder weil sie gerade in Mode ist, weil andere sie gut finden, weil es gerade als vornehm betrachtet wird, diese Speise anderen Speisen vorzuziehen usw.

Diese Bewertung mag für mich stimmen, für eine andere Person nicht. Die Bewertung hängt ab von der Beziehung zum Subjekt, seinem subjektiven Empfinden, welches in bezug auf das Objekt vollkommen äußerlich und willkürlich ist. Die logische Struktur ist: das Objekt A und die hinzugefügte Plus-oder minus-Bewertung.

Zum Vergleich mit diesem Beispiel das Folgende:

Ein Richter verurteilt eine offensichtlich unschuldige Person, weil die schuldige Person ihn bestochen hat oder weil er hofft, für sich oder seine Gruppe durch diese Verurteilung einen bestimmten Vorteil zu erreichen. Oder: Einem armen, hungrigen Kind wurde ein Stück Brot zu essen gegeben; ein halberwachsener Rowdy kommt daher und nimmt es weg, um es als Fußball zu benutzen.

Wenn wir versuchen, diese Fälle mit den gleichen Formulierungen zu verstehen, die wir in dem vorigen Beispiel verwendet haben, nämlich anhand der willkürlichen Bedeutungserweiterung eines Objekts um eine subjektive Bewertung, dann ist da ein Mangel an Klarheit, dann paßt da etwas nicht; die Sachlage verlangt nach Klärung, es scheinen da unterschiedliche Probleme miteinander vermengt zu sein. Ist hier die logische Struktur die gleiche wie im Fall des Geschmacks?

Wir haben hier eine objektiv gegebene Situation und ein Verhalten, eine Handlung, und es ist zunächst wichtig zu spüren, zu sehen und zu verstehen, welchen konkreten Stellenwert diese Handlung in dieser Situation hat. Die wichtigste Frage ist nicht die nach einer subjektiven, einem Objekt äußerlichen Bewertung, sondern die nach den Beziehungen innerhalb des Geschehens selbst, danach, wieweit die Handlung den Gefordertheiten der Situation gerecht wird, nach dem *Zueinander* der beiden, nach dem Verhältnis zwischen der Situation und der Handlung. Das tatsächliche Verhalten kann, ohne Rücksicht auf die Situation, festgelegt sein, blind für das, was es in der Realität für das Objekt bewirkt. Das Verhalten kann der Situation Gewalt antun. Das Verhalten kann so beschaffen sein, daß es zur Struktur der Situation paßt und daß es bewirkt, was die Situation fordert. Wir haben hier verschiedenartige objektiv gegebene Eigenschaften, Eigenschaften, die von den Beziehungen *in* der Situation abhängen. Ob es sich bei einem bestimmten Beispiel tatsächlichen Verhaltens um einen Fall handelt, der dem einen oder dem anderen dieser drei Kategorien entspricht, ist eine Angelegenheit, für die mein Verstehen oder mein Mißverstehen, meine subjektive Bewertung, irrelevant ist. Ob ich positiv oder negativ urteile, ändert kein Jota daran, welcher der drei Fälle in der Situation vorliegt, welche Rolle das Verhalten wirklich spielt, was für eine Art von Teil es in der Situation ist. Dieser Punkt muß vor allem andern verstanden werden. Wenn jemand in einer konkreten Situation darin scheitert, ihn zu verstehen, und vielleicht entsprechend handelt, dann hat er keine andere Ethik, sondern dann ist er blind für die Hauptsache.

Vielen Theoretikern fällt es schwer, diesen Unterschied in der logischen Struktur klar zu erkennen und zu begreifen, wie wichtig er für die Theorie ist.

Worum geht es hier im Prinzip? In der Logik und in der Mathematik gibt es feste Prinzipien wie z.B. das *principium contradictionis*. Dabei geht es nicht um eine willkürliche subjektive Angelegenheit, sondern um das Material und seine Zusammenhänge.

Aber gibt es vergleichbare Prinzipien für ethische Fragen, etwas von völlig anderer Art natürlich in diesem andersartigen Feld? Viele Theoretiker bestreiten das. Wir haben solche Prinzipien nicht, versichern sie. Und gehen noch darüber hinaus mit der Versicherung, daß es wegen der grundlegenden Subjektivität aller Werte keine theoretische Möglichkeit für solche Prinzipien gibt.

Vielleicht war die Formulierung des Problems allzu eng. Ist es nicht denkbar, daß es für bestimmte Wertprobleme Prinzipien gibt, die identisch mit denen in anderen Feldern sind, so daß manche Prinzipien des logischen Denkens vielleicht nur einen speziellen Fall eines allgemeinen Prinzips darstellen? Ich will versuchen, auf ein methodisches Vorgehen hinzuweisen, das den Weg für theoretische Studien freimachen könnte. Es schließt einige radikale Veränderungen theoretischer Konzepte ein, scheint aber andrerseits etwas, worauf von jeher abgezielt wurde, direkter zum Ausdruck zu bringen. Ich kann hier nur eine Seite der Sache skizzieren.

Einer, der addiert, macht aus 7 + 7 = 15. Das kommt ja vor; solche Additionen sind echte Tatsachen. Und er sagt, ich finde das gut, weil ich die Zahl 15 mag, oder: weil ich das Prinzip aufgestellt habe, daß bei der Addition von zwei ganzen Zahlen, die Summe immer durch 5 teilbar sein soll, oder - was gelegentlich bei der Addition der Rechnung eines Kellners vorkommen kann -: weil ich ein persönliches Interesse an der 15 habe.

Die Bestimmung der 15 ist blind gegenüber den Objekten oder sie ist ein Verstoß gegen das, was von der Struktur der objektiven Situation gefordert ist. Wenn ich die 15 in diesem Fall vorziehe, wenn ich sie positiv bewerte, ist das irrelevant in bezug auf die Tatsache, daß die 15 falsch ist.

Was ist die Struktur? Die Situation "7 + 7 = ..." ist ein System mit einer Leerstelle. Man kann diese Leerstelle auf verschiedene Arten füllen. Die eine Lückenfüllung, nämlich 14, korrespondiert mit der Situation, paßt in die Lücke, ist das, was strukturell in diesem System an dieser Stelle gefordert ist, im Hinblick auf ihre Funktion im Ganzen. Sie wird der Situation gerecht. Andere Ergänzungen, z.B. 15, passen nicht. Sie sind nicht die richtigen. Sie wurden von einer Laune bestimmt, aus Blindheit oder aus Mißachtung gegenüber der Funktion, die diese Leerstelle innerhalb der Struktur hat.

Wir haben hier die Vorstellungen von "System", von der "Leerstelle", von verschiedenen Arten der "Lückenfüllung", von den Forderungen der Situation, der "Gefordertheit".[4]

Der Fall liegt ähnlich, wenn eine gute mathematische Kurve eine Leerstelle hat, einen Ort, wo etwas fehlt. Für das Ausfüllen der Leerstelle ergeben sich oft aus der Struktur der Kurve Determinanten, die anzeigen, daß die eine Lückenfüllung der Struktur angemessen ist, daß sie vernünftig, daß sie die richtige ist; daß andere Lückenfüllungen es nicht sind. Hier besteht ein Zusammenhang mit der alten Vorstellung von "innerer Notwendigkeit". Und nicht nur logische Operationen, Schlüsse usw., sondern ebenso auch

---

4 Das sind ziemlich komplizierte Vorstellungen; ich möchte nur erwähnen, daß diese Vorstellungen mit neueren Entwicklungen in Mathematik, Naturwissenschaft und Gestalttheorie verbunden sind.

Geschehnisse, Taten, Dasein können, in diesem Sinne, sinnvoll oder sinnlos, logisch oder unlogisch sein.[5]

Wir können formulieren: Ob in einer gegebenen Situation, einem System mit einer Leerstelle, eine gegebene Lückenfüllung der Struktur gerecht wird, die "richtige" ist, ist oft schon durch die Struktur des Systems, der Situation entschieden. Da gibt es Gefordertheiten, die strukturell vorgezeichnet sind; da sind in klaren Fällen unbezweifelbare Entscheidungen darüber möglich, welche Lückenfüllung der Situation gerecht wird und welche nicht, welche den Gefordertheiten und der Situation Gewalt antut.[6]

Nun ähnelt der Fall des bestochenen Richters unserem ersten mathematischen Beispiel strukturell. Wir haben hier wieder ein System mit einer Leerstelle. Wenn der Richter den offensichtlich unschuldigen Mann aus persönlichem Interesse oder im Interesse seiner Gruppe verurteilt, dann mag er dieses Verhalten subjektiv vorziehen, aber das än-

---

5 Das überschreitet in mancher Hinsicht die Grenzen der herkömmlichen Theorie traditioneller Logik.

6 Einige fundamentale Prinzipien des logischen Denkens sind spezielle Fälle dieses Prinzips. So darf man keine Aussage einführen, die blind gegenüber den Bedingungen der Situation ist; es ist nicht richtig, der Struktur oder anderen vorhandenen Daten gegenüber blind zu handeln; im Satz vom Widerspruch ist das Einfügen eines Nicht-A einfach logisch nicht gestattet, wenn in dem System schon ein Plus-A enthalten ist. Das ist nur der gröbste Spezialfall des allgemeinen Prinzips.

dert nichts an der Tatsache, daß seine Entscheidung ungerecht ist.

Dieser Fall ist der traditionellen Logik sehr nahe, aber wir können das Prinzip in anderen Fällen ebenso erkennen. Hier sitzt ein hungriges Kind; ihm gegenüber ein Mann, der ein kleines Haus baut und dem ein einziger Ziegelstein fehlt. Ich habe in der einen Hand ein Stück Brot, in der anderen einen Ziegelstein. Ich gebe dem hungrigen Kind den Ziegelstein und nehme das weiche Brot mit für den Mann. Hier haben wir zwei Situationen, zwei Systeme. Die Zuteilung ist blind gegenüber den Funktionen der Lückenfüllung.[7]

Diese Fälle sollen dazu dienen, das Prinzip in einer vorläufigen Art und Weise zu illustrieren. Selbstverständlich sind viele weitere Schritte gefordert (und mit einem einzigen Prinzip ist die Aufgabe nicht erledigt). Zunächst ist eine Klärung der Begriffe "Bestimmung", "Gefordertheit" usw. notwendig.[8]

---

[7] Oder es kann durch Verachtung verursacht sein. Es mag Menschen geben, die Verachtung positiv bewerten, aber das ändert nichts an der Tatsache, daß diese Zuteilung der Situation nicht gerecht wird.

[8] Ich kann mich damit hier nicht beschäftigen. Ich möchte nur erwähnen, daß die gebräuchliche einfache Dichotomie zwischen dem, was ist, und dem, was sein sollte, revidiert werden muß. "Bestimmungen" und "Gefordertheiten" dieser Art sind objektive Eigenschaften.

Ein weiterer Schritt ist vollzogen, wenn man so ein System mit seiner Leerstelle lediglich als ein Teil eines umfassenderen Systems betrachtet. Wenn ein Bandit in einem entscheidenden Augenblick einen Revolver braucht, um seine besondere Aufgabe auszuführen, dann ist der Bandit mit dem, was er braucht, logischerweise ein Teil des größeren Systems der menschlichen Gesellschaft, innerhalb dessen man ihn mit seinen Wünschen als ein funktionelles Teil betrachten muß. Wenn jedoch immer ein unbegrenzter Regreß auf noch größere Ganze mit nachfolgenden Veränderungen im Blick auf die Vorherbestimmung stattfände, dann wäre das Prinzip in seiner Anwendung gefährdet. Aber das ist ein Punkt, der nicht mit einer einfachen Grundregel entschieden werden kann, sondern ein Gegenstand der Forschung ist. Es scheint so zu sein, daß mit Erweiterung des Ganzen in vielen Fällen keine unbegrenzten Veränderungen eintreten, daß Erweiterung häufig die Vorherbestimmung nicht weiter ändert. Und es gibt viele Fälle, in denen ein größeres und allgemeiner umfassendes Feld eine gebräuchliche Umschreibung für sich widersprechende Felder ist.

Wie dem auch sei, wie auch immer die Formulierung der weiteren Schritte bei der theoretischen Konstruktion aussehen mag und welchen Platz und Rang unter anderen Prinzipien das erwähnte Prinzip auch erhalten wird, es erscheint notwendig zu begreifen, um was es hier geht.

Ich möchte erwähnen, daß es üblich gewesen ist, logisches Denken als ein vollkommen intellektuelles Feld zu betrachten, das notwendigerweise von Gefühlen, Einstellungen, Tendenzen zu unterscheiden ist. Das erwähnte Prinzip ist nicht nur statisch, lediglich als eine Liste von Behauptungen über Vorherbestimmtheiten zu verwenden, sondern es betrifft dynamische Vorgänge. Logische Operationen, logische Fortschritte haben zu einem großen Teil mit Gefühlen, Einstellungen, tatsächlichem Verhalten zu tun; sie schließen diese ein. Logische Operationen, wie sie der denkende Wissenschaftler vornimmt, enthalten und fordern solche Dinge wie Aufrichtigkeit im Tun und den Willen, dem Material Gerechtigkeit widerfahren zu lassen.

Wir können ein weiteres Beispiel anführen. Ein junges, idealistisches Parteimitglied lehnt Angehörige einer bestimmten Rasse leidenschaftlich ab. In solchen Fällen genügt die Formulierung nicht: In dem einen Bewertungssystem werden Mitglieder dieser Rasse positiv bewertet, in einem anderen negativ. Dieser junge Mann verhält sich vielleicht nur deshalb so, weil er dazu durch Suggestion, Propaganda, durch die unverantwortliche Verleumdung, diese Rasse sei eine giftige Schlange, dazu gebracht wurde. Er verhält sich in Wirklichkeit nicht bezogen auf das A (die Mitglieder dieser Rasse), sondern auf ein B, das mit dieser Rasse zu identifizieren ihm beigebracht worden ist.

Das wahre Problem hier liegt nicht nur im Verhalten dieses jungen Mannes, sondern in dem Zwang, durch den er zur blinden Identifikation gebracht wurde. Darin steckt eine Folgerung aus dem erwähnten Prinzip. Nimmt man dem Menschen, indem man ihn geschickt manipuliert - durch das Erzwingen blinder Urteile, durch unangemessene Einengung des Bewußtseinsfeldes, Herbeiführen blinder Zentrierung - die Möglichkeit zur Wahrnehmung der wirklichen Situation weg, beraubt man ihn der Voraussetzungen für unsere Fragen.

Das erwähnte Prinzip unterscheidet sich radikal von vielen gebräuchlichen Definitionen von Gerechtigkeit. In vielen traditionellen Definitionen finden Kriterien Verwendung, die dem wesentlichen Kern von Gerechtigkeit, wie sie im Sinne dieses Prinzips verstanden wird, fremd und äußerlich sind.[9]

Ich wiederhole, daß das formulierte Prinzip keine Patentlösung ist. Es ist eher eine Anfangsthese für ein Forschungsfeld. Dieses Feld fordert keine einfache Lösung, sondern Forschung, und es erscheint, wie in jeder ordentlichen Wissenschaft, notwendig, mit den konkretesten und klarsten Beispielen zu beginnen. Wir müssen von den

---

[9] Vergleiche Feststellungen wie, daß der Staat Gesetze macht, mit der Feststellung, daß der Staat ein Versuch ist, Gerechtigkeit zu verwirklichen, zu entdecken und zu garantieren.

"reinen Fällen" im wissenschaftlichen Sinne dieses Begriffes ausgehen. Es kommt vor, daß Relativisten gegen solche Beispiele einwenden, daß sie kein Beweis gegen den Relativismus seien, "weil sie zu offensichtlich sind". Aber das ist ein innerer Widerspruch. In Wirklichkeit sind die offensichtlichsten Fälle diejenigen, die am Anfang wissenschaftlicher Untersuchungen am meisten benötigt werden. Zweifellos aber sind die meisten Fälle viel schwieriger. Die mit ihnen verknüpften Inhalte sind sehr oft nicht so einfach zu definieren wie die 7 in unserem mathematischen Beispiel[10], aber das sollte unser Hauptanliegen nicht verdecken.

Es gibt viele andere Probleme, über die ich hier nicht gesprochen habe. Zum Beispiel gibt es Fälle, in denen die Situation anfangs nicht das Faktum einer Leerstelle enthält, wo die Leerstelle durch eine Idee des Menschen, durch ein neues Ziel usw. hervorgerufen ist. Theoretisch ist das Ziel in solchen Fällen ein Teil des Materials der Situation und untersteht den Gefordertheiten danach, das richtige zu sein. Mit Sicherheit löst diese kurze Bemerkung dieses Problem nicht; hier spielt ein weiteres Prinzip eine Rolle. Ich habe mich auch nicht mit den sogenannten Konfliktfällen befaßt, die, so merkwürdig das ist, für viele Theoretiker im Vordergrund stehen. Sie bieten Kompli-

---

[10] siehe noch einmal: Über Wahrheit (in diesem Buch).

kationen. Manche mögen glauben, daß alle Anwendungen auf konkrete menschliche Situationen so kompliziert sind, daß es überhaupt keine Möglichkeit gibt, das erwähnte Prinzip anzuwenden. Aber es kann keinen Zweifel daran geben, daß es zumindest im Negativen grobe und brutale Verstöße dagegen gibt, die vollkommen unzweideutig sind; und auf der positiven Seite bleibt in Fällen, die für eine erschöpfende Antwort zu kompliziert sind, die Möglichkeit, nach bestem Wissen und Gewissen danach zu suchen; hier spielt die erwähnte logische Ableitung eine wichtige Rolle.

Eine Schwierigkeit kann in der Tatsache gesehen werden, daß die Probleme der Wahrheit in der Logik selbst schon kompliziert sind. Was immer die Antwort sein mag, der bescheidene Wahrheitssinn, der 14 in unserem mathematischen Beispiel zur richtigen Antwort erklärt, möge genügen. Es wäre wunderbar, wenn alle propagierten oder tatsächlichen Wertnormen so angemessen wie diese Antwort wären.

Ein paar Worte zur psychologischen Seite des Problems. Sind diese "Gefordertheiten", diese "Eigenschaften" von Gerechtigkeit und Ungerechtigkeit usw. für den Menschen psychologisch nachvollziehbare Realitäten?

Es ist sehr wenig wirkliche Forschungsarbeit in dieser Richtung geleistet worden, aber soviel ist klar: Man kann nicht annehmen, daß die Menschen diese Gefordertheiten immer lebhaft fühlen oder sehen und daß sie im Einklang mit ihnen handeln. Manchmal kann man den Eindruck gewinnen, daß die wirkliche Eigenschaft des Menschen nicht *homo sapiens*, sondern eher *insipiens* ist. Ob diese Gefordertheiten für einen Menschen lebendig und wirksam sind, hängt von vielen Faktoren ab; dazu gehören: historische Faktoren, Bedingungen seines Standorts, der Zustand seiner Drüsen usw. Aber wir dürfen nicht, wie es oft geschieht, diese Faktoren mit dem, was Gefordertheit bedeutet, verwechseln und Bewertungsbedingungen aus beiden Feldern miteinander vermengen. In der jüngsten Entwicklung der Psychologie scheinen einige Forschungsergebnisse darauf hinzudeuten, daß es tatsächlich entscheidende Vektoren gibt, die in Richtung solcher Gefordertheiten gehen. In einigen experimentellen psychologischen Untersuchungen haben die Resultate gezeigt, daß das alte Prinzip falsch ist, das behauptet, daß alle Handlungen des Menschen im "Ich" zentriert sind (das nach einer einseitigen Befriedigung von Ich-Interessen strebt). Das soll mithilfe einer Analogie aus der Wahrnehmungspsychologie illustriert werden. Es ist nicht wahr, daß in der Wahrnehmung die Welt immer um das Individuum zentriert ist. Wenn ich an einem außergewöhnlichen Platz in einem Zimmer stehe, dann sind nicht die Wände in Unordnung geraten, sondern ich verhalte mich nicht in Übereinstimmung mit den Wänden. Das Ich bestimmt nicht immer das Koordinatensystem der Objekte, vielmehr erlebt sich das Ich oft als ein Teil, das sich im Hinblick auf das Koordinatensystem der Objekte orientiert. Ähnliche Tatsachen wurden bei Experimenten zum Denken und Handeln gefunden. In aktuellen Situationen erwachsen die Vektoren oft aus der Gefordertheit der Lage, nicht aus ichhaften Interessen.

Viele andere psychologische Gesichtspunkte könnten in diesem Zusammenhang erwähnt werden. Ich möchte nur diese erwähnen:

Wichtig ist das Studium der "Übergänge" wie z.B. vom psychologisch beschreibbaren Zustand in einer Massensituation zum "Erwachen", das eintritt, wenn diese speziellen Bedingungen wegfallen. Das kommt ja sogar im Leben der meisten Menschen vor, daß sie sich in einer besonderen Situation plötzlich wachgeworden fühlen, daß sie merken, wie beschränkt, blind, unehrlich sie gewesen sind und sich verhalten haben, daß ihnen die Augen aufgehen und ihnen ihr früheres Verhalten als etwas vorkommt, das nur möglich war, weil etwas von ihrem Besten, ihrem Schönsten, ihrem Wertvollsten nicht zum Zuge gekommen, ihnen entwendet gewesen war.

Darüber hinaus gibt es Erfahrungen wie diese: Man kennt einen Mann, der hervorragendes Beispiel für eine bestimmte Gesellschaftsschicht ist, in dessen ganzem Verhalten sich bis ins einzelne die Werthaltungen seiner Schicht ausdrücken. Und in einem entscheidenden Augenblick fällt die äußere Hülle ab und dahinter kommt ein einfacher, guter, etwas unreifer Mensch zum Vorschein, für den die dem Anschein nach so wichtigen Einstellungen, die er zur Schau getragen hatte, tatsächlich nun nichts anderes sind als fremde, oberflächliche Kleidung. Es scheint Schichten im Menschen zu geben, und was diese inneren Schichten des Menschen wirklich sind, ist eine Frage nach Tatsachen. Es gibt dazu gegensätzliche Thesen. Ich möchte glauben, daß die hoffnungsvolle These die richtige ist, wie schwer auch, wie unmöglich auch es wirklich zu Zeiten sein mag, zu dieser Schicht vorzudringen.

Erfahrung legt nahe, daß die Lage oft gar nicht so schwierig ist, wenn die Situation klar, durchschaubar, einfach und konkret ist und wenn Umstände wie Blindheit usw. keine Rolle spielen. Es ist oft überraschend, wie intensiv die Reaktionen von Menschen in einfachen menschlichen Situationen angesichts eindeutiger, konkreter Ungerechtigkeit sind.

Auf jeden Fall können die hier gestellten Fragen nicht schlicht mittels Statistiken über die bloßen Taten von Menschen entschieden werden. Gefordert ist eine Studie über die tieferen Zusammenhänge und Bestimmungen. Aber selbst wenn die oben erwähnte hoffnungsvolle psychologische These sich als falsch erweisen sollte, wenn es sich zeigen sollte, daß die meisten Menschen ihrer inneren Natur nach blind oder feindselig gegenüber diesen Gefordertheiten sind, wäre das eine Widerlegung des Prinzips? Es wäre keine. Es gäbe dann zwei Rassen, die eine, für die diese Gefordertheiten lebendig sind, die andere, die ihnen blind oder feindlich gegenübersteht. Denn es gibt gute Menschen, auch wenn es nur wenige sind. Ich glaube jedoch daran, daß die pessimistische These falsch ist.

Wir haben uns hier nur mit wenigen Gesichtspunkten eines weiten und ergiebigen Feldes beschäftigt. Als Ergebnis können wir formulieren:

"Relativität" hat einen wichtigen Platz in dem ergiebigen Feld unterschiedlicher "Bedeutungen", unterschiedlichen biologischen, ökonomischen, kulturellen, soziologischen, historischen Gegebenheiten usw., und es ist wichtig, diese Tatsachen zu untersuchen, um, wie es in moderner Soziologie, Ethnologie und Kulturgeschichte geschieht, zu einem Verständnis zu kommen. Aber um wirkliche Axiome zu finden und die zentralen ethischen Probleme zu untersuchen, reicht es nicht aus, Axiome schlicht durch Verallgemeinerung der faktischen Bewertungen auf eine Formel zu bringen. Nötig sind Untersuchungen der Verursachung, der Bestimmung, der strukturellen Voraussetzungen der Bewertungen; nötig sind psychologische Untersuchungen der Verursachung, der Bestimmung, des Entstehungsprozesses; nötig sind Untersuchungen der logischen Strukturen von Bewertungsschemata.

Ich glaube, daß die modernen Methoden in Ethnologie, Soziologie und Kulturgeschichte, deren Bewährungsprobe ihren großen Wert bestätigt hat, in sich selber über einen hastigen, oberflächlichen Relativismus bezüglich der wirklichen ethischen Probleme hinausweisen, indem sie nicht nur die Untersuchung der faktischen Bewertungen, sondern auch die ihrer strukturellen Rollen, ihrer inneren Verursachung, ihrer inneren Bestimmung einschließen.

ZUM DEMOKRATIEBEGRIFF *

Versucht man, wissenschaftlich zu erklären, was Demokratie bedeutet, ist man mit folgender Situation konfrontiert: Einerseits scheint schlichte Übereinstimmung darüber zu bestehen, was mit Demokratie gemeint ist, über die gängigen Definitionen, zu denen etwa Charakteristika gehören wie "Herrschaft des Volkes", "Mehrheitsrecht", "Redefreiheit" usw. usw. Andererseits, wenn wir näher hinschauen, wenn wir der Art und Weise folgen, in der verschiedene Menschen sich mit bestimmten Problemen der Demokratie auseinandersetzen, dem Trend, der Richtung von Auffassungen und Argumenten in aktuellen politischen Situationen, bei juristischen Entscheidungsprozessen und in wissenschaftlichen Diskussionen, dann scheint es da doch große Unterschiede zu geben, die oft an den innersten Kern der Sache rühren. Manchmal handelt es sich um offensichtliche Widersprüche: Beide Parteien in einer Auseinandersetzung bestehen darauf, daß sie den wahren demokratischen Anspruch vertreten; die Urteile in bezug auf das, was ein bestimmtes demokratisches Prinzip fordert, widersprechen sich; negative Besprechungen eines

---

* Aus dem Amerikanischen von Hans-Jürgen Walter.
Originaltitel: On the Concept of Democracy. Erstveröffentlichung: 1937 in M. Ascoli and F. Lehmann (Hg.): Political and Economic Democracy. W. W. Norton & Company, Inc.: neu abgedruckt in M. Henle (Hg.): Documents of Gestalt Psychology. Univers. of California Press 1961.

wissenschaftlichen Buches über Demokratie behaupten, daß "das Buch zweifellos wissenschaftlich ist, aber man erkennt, daß es sich bei dem, wovon er spricht, keinesfalls um wahre Demokratie handelt; er hat nicht die richtige Vorstellung von Demokratie." Es sind verschiedene Faktoren miteinander verbunden, Faktoren, die sich in ihrer Art voneinander unterscheiden. Zwischen ihnen gibt es gewisse logisch-methodologische Probleme, und um diese geht es hier.

Es ist die alte traditionelle Methode, mit der gewöhnlich bestimmt wird, was Demokratie ist. Vergleiche das Objekt mit anderen Objekten der selben Klasse, vergleiche Demokratie mit anderen Regierungsformen, finde die Ähnlichkeiten und die Unterschiede heraus, mach sie sprachlich dingfest und du hast die Charakteristika, eine Anzahl, eine "Und-Summe" von Punkten, die es unterscheiden - *genus proximum, differentiae specificae*. Diese Methode der Isolierung spezieller Einzelheiten auf dem Wege subtrahierender Abstraktion hat ihre Verdienste, scheint oft tatsächlich *die* exakte Methode zu sein, aber sie hat ihre Gefahren. Von so einer Einzelheit wird leicht blind Gebrauch gemacht, ohne Bezug auf die Rolle, die sie in der hierarchischen logischen Struktur spielt; die Betrachtung ist einseitig, der geistige Horizont künstlich eingeengt. So eine Aufzählung von Einzelheiten genügt nicht. Eine andere Methode ist es, die strukturelle Funktion der Details und die hierarchische Struktur der ganzen Idee zu untersuchen. Sicherlich ist diese Methode wesentlich schwieriger. Solche Fragen lassen sich nicht so einfach beantworten wie die bei subtrahierender Abstraktion, aber ihre Beantwortung ist gefordert.

Zur Veranschaulichung der formalen Probleme, denen man sich stellen muß, wollen wir einige Beispiele betrachten. Die Beispiele dienen allein dem Zweck der Veranschaulichung dieser formalen Probleme; der Wahrheitsgehalt oder die Verkehrtheit ihres Sachinhalts wird uns in diesem Aufsatz nicht beschäftigen.

Wenn wir Demokratie mit anderen Regierungsformen vergleichen, stellen wir zum Beispiel fest, daß die Leute abstimmen und daß der Mehrheitswille entscheidet. Dies, wird uns gesagt, ist das demokratische Verfahren. Aber wenn wir näher hinschauen, können wir entdecken, daß, wenn wir "Mehrheitsrecht" als Ding an sich, ungeachtet seiner Funktion für Demokratie, betrachten, wir uns, und manchmal auch andere, geradezu blind machen für seinen Sinn.

Es müssen verschiedene Umstände in die Betrachtung einbezogen werden, erstens, daß mit Abstimmung eine freie Stimmabgabe gemeint ist, keine Stimmabgabe unter dem Einfluß von Drohung und Verängstigung. Dies ist keine beiläufige Ergänzung, sondern hat einen für die Logik innerhalb der Struktur entscheidenden Stellenwert. Zweitens müssen dem Wählenden so vollständige und richtige Informationen wie nur irgend möglich zugänglich sein, und freie und offene Diskussion muß es geben. Dies ist wiederum keine beiläufige Hinzufügung. Drittens gilt als Ausweis der Demokratie: "Wichtige Fragen können nicht durch Nasenzählen entschieden werden, sondern nur durch ein Interesse an der Frage danach, was richtig und was falsch ist." Eine Mehrheit ohne diese Tendenz ist im Sinne der "guten alten Demokraten" keinesfalls demokratisch.

Diese Gefordertheiten schließen weitere ein. "Vollständige Information" für den Wähler ist eine der Wurzeln für die Forderung nach Meinungs- und Redefreiheit, die in diesem Kontext die Funktion eines technischen Mittels auf dem Wege zum alles Wesentliche vereinenden Ziel hat. Als einem Mittel erblickt man darin lediglich das beste verfügbare, nicht das zu hundert Prozent hinreichende; dies ist vom Standpunkt der Logik von Interesse. Darüber hinaus noch: Freie Abstimmung aufgrund persönlicher Entscheidung wird in einer wahren Demokratie nicht schlicht als ein Mittel des Wählers verstanden, sich ihrer zum Schutz seiner privaten Interessen, seines oder des Profitinteresses seiner Gruppe, zu bedienen. Es ist ein Mittel zur Wahrung seiner Rechte - eben seiner Rechte, nicht seiner privaten Interessen. Der Wähler wird als einer gedacht, der sich verantwortlich für eine Entscheidung weiß, die der Gemeinschaft dient, nicht einfach nur ihm. Es gibt Fälle, in denen die Rechte und private Interessen zusammenfallen können, aber die Vorstellung wie die Wirklichkeit von Mehrheitsentscheidungen zwischen zwei profit-interessierten Gruppen ist eine Karikatur der Vorstellung und der Haltung alter Demokratie. Das Mehrheitsrecht in einer Demokratie impliziert auch ein charakteristisches Verhalten gegenüber Minderheiten. Die Rechte von Minderheiten schlicht zu leugnen oder zu übergehen, seine Augen zu verschließen vor ihren Bedürfnissen, ist nicht demokratisch. "Wir haben die Mehrheit, na also" ist kein demokratisches Verhalten. Eine ungerechte Entscheidung gegen eine Minderheit aufgrund eines Mehrheitswillens ist nicht Demokratie. Zu guter Letzt: Eine geschlagene Minderheit hat sich nicht schlicht zu fügen, eine Entscheidung als richtig anzuerkennen, "weil sie der Mehrheitswille ist - nachdem die Mehrheit gesprochen hat, ist die Sache erledigt". Sie *ist* erledigt, einstweilen. Aber die Minderheit hat nicht schlicht das Feld zu räumen. Wenn die Minderheit davon überzeugt ist, daß die Entscheidung falsch oder ungerecht war, wird es zu ihrer Pflicht, in dem Versuch fortzufahren, den Sachverhalt aufzuklären, bessere Argumente zu finden, eine klarere Darstellung, die denen, die zur Mehrheit gehören, hilft, die Wahrheit zu erkennen.

Gegen all dies mag jemand einwenden, daß das demokratische Entscheidungsverfahren nun einmal eine Mehrheitsentscheidung sei, daß die Mehrheit notwendigerweise die Ziele und Argumente der Minderheit außer acht lassen muß, indem sie gegen Bedürfnisse, Neigungen und Überzeugungen der Minderheit votiert. Da die Dinge geregelt werden müssen und Entscheidungen getroffen werden müssen, sind Entscheidungen auf der Basis des Mehrheitswillens das demokratische Verfahren. Hier kommen wir zu einem unter dem Gesichtspunkt der Logik sehr interessanten Problem. Dies mag das demokratische Verfahren sein. Aber das heißt noch nicht, daß der Inhalt des Mehrheitsprinzips, für sich genommen, ein demokratisches Prinzip ist. Manche Tatsachen scheinen zu belegen, daß es nicht mehr als ein technisches Mittel ist, um das zu erreichen, was wirklich erstrebt wird. Konfrontiert mit der Notwendigkeit, eine Entscheidung zu treffen, wird der kluge Demokrat nicht gerade glücklich sein, wenn die rechtmässigen Absichten einer Minderheit vom Mehrheitsvotum brutal beiseitegeschoben werden. Er wird dieses Verfahren nicht mögen, auch wenn ihm kein gangbarer Weg einfällt, der besser wäre. Er wird darin keine wirkliche Lösung sehen. Für sich genommen ist das Mehrheitsrecht keinesfalls ein demokratisches Ziel, sondern lediglich ein technisches Mittel, lediglich, technisch betrachtet, eine Lösung, die beste verfügbare, aber weit entfernt davon, eine vollkommene Lösung zu sein. Vom Standpunkt der Logik ist es nicht der *Inhalt* des Mehrheitsprinzips, der wirklich demokratisch ist, sondern allein seine *Funktion* als das technische Mittel auf dem Weg zu dem Ziel, daß mehr gerechte Entscheidungen gefällt werden. Nicht der Wille der Mehrheit, sondern die bessere Entscheidung ist das Erstrebte.(Die Stimmabgabe hat noch eine andere, ebensowichtige Begründung: das Prinzip, daß der Mensch nicht einem Beherrscher unterworfen, sondern sich selbst verantwortlich sein sollte.) Um einen Sachverhalt wie das Mehrheitsprinzip verstehen zu können, dürfen wir uns nicht damit zufrieden geben, ihn als solchen festzustellen. Wir müssen weitergehen zur Feststellung der Rolle, die er innerhalb der hierarchischen Struktur des Ganzen spielt. Ohne dies zu tun, verstehen wir ihn überhaupt nicht.

Man kann hinzufügen, daß das Schlichtungsverfahren, demgemäß einer oder mehrere Repräsentanten zweier im Konflikt miteinander stehender Parteien versuchen, in konkreten Auseinandersetzungen zu einer gerechten Entscheidung zu kommen, eine demokratische Vorstellung ist, obwohl es dabei nicht die Anzahl der Nasen interessierter Parteiengruppierungen ist, die zählt.

Das Gesagte hat Konsequenzen für aktuelle tatsächliche Verfahren. Menschen handeln oft in dem Glauben und in der leidenschaftlichen Überzeugung, daß ihr Weg der demokratische Weg ist, während er doch nur äußerlich demokratisch ist, weil sie blind gegenüber den funktionalen Bedeutungen sind. Bei den Zusammenkünften demokratischer Körperschaften mag es nicht gerade ungewöhnlich sein, daß ein Mitglied sagt: "Warum reden wir überhaupt über diesen Punkt? Bei Ihnen handelt es sich doch nur um eine kleine Minderheit. Was die Mehrheit wünscht, ist klar. Laßt uns auf demokratische Weise weitermachen, laßt uns abstimmen. Und wenn Sie widersprechen möchten, indem Sie sich gemäß der augenblicklich geltenden Verfahrensregel zu Wort melden, dann werden wir den Regeln der Geschäftsordnung folgend zuerst über den Antrag auf Schluß der Debatte abstimmen. Wenn Sie diese Formalie wünschen, können Sie sie haben, aber was nützt es? Sie wissen, daß wir in jedem Fall die Mehrheit haben." Oft handelt es sich dabei um blinden und verächtlichen Mißbrauch des mit Demokratie wirklich Gemeinten. Unter dem Einfluß einer starken demokratischen Bewegung, um es noch an einem anderen Beispiel zu veranschaulichen, fordern manche Leute rasche Einführung des Wahlrechts und sofortige Bildung eines Parlaments. Andere betonen die vorrangige Notwendigkeit wirklich demokratischer Vorbereitung auf das Wahlrecht, die Unvermeidlichkeit freier Werbung, damit die Augen eines von einer mächtigen, einseitigen Presse verblendeten Volkes geöffnet werden. Erstere gehen ihren Weg und betonen, daß das der wahre, der demokratische Weg ist. Und schließlich gab es in den letzten Jahren etliche Menschen, die von der Vorstellung verblendet waren, daß sie sich als wahre Demokraten schlicht dem Willen der (vermeintlichen) Mehrheit beugen müßten.

Wir wollen uns einem zweiten Detail zuwenden, das, wie nahezu alle Details der Demokratievorstellung, mit dem ersten zusammenhängt. Es gibt Diskussionen, Argumente, Behauptungen, Gerichtsentscheidungen, die davon ausgehen, daß das Prinzip der Pressefreiheit schon für sich genommen ein demokratischer Sachverhalt ist oder, anders gesagt: für die es in einer einseitig gerichteten Beziehung zur Demokratie steht. Es gibt Auffassungen, denen zufolge das Prinzip der Pressefreiheit schlicht nichts anderes als ein Spezialfall der Freiheit geschäftlichen Unternehmungsgeistes ist, des Rechts eines Individuums, Profit zu machen. Man kombiniere das mit dem Prinzip der freien Rede, der freien Persönlichkeitsentfaltung und, wenn nur diese beiden in Betracht gezogen werden, kann das Resultat leicht leidenschaftliche Durchsetzung des Rechtes darauf sein, sich keine Gedanken machen zu müssen, nicht in Zweifel zu geraten und nicht kritisiert zu werden wegen des Aufbaus einer mächtigen Zeitungskette, die aufgrund ihrer Geschäftsmethoden die Möglichkeit für nahezu jegliche andere Information ausschließt, und die so zu einem Werkzeug tyrannischer "Persönlichkeitsentfaltung", einseitiger Information und einseitiger Einflußnahme wird; und das mag, wie's der Zufall will, gerade dann so eintreten, wenn es zusammentrifft mit jemandes eigennützigen Interessen oder denen seiner Gruppe.

Sicherlich ist das Prinzip der Pressefreiheit für eine Demokratie sehr wichtig, aber seine Bedeutung erschöpft sich nicht in der Beschränkung auf Konsequenzen für das Individuum und individuelle Rechte. Es hat ebenso die soziale Funktion, die Leute mit besserer Information zu versorgen, und sei es aus keinem anderen Grund als dem, daß Information für die Ausübung des Wahlrechts in seiner wahren Bedeutung unverzichtbar ist. Die zugrundeliegende Vorstellung ist, daß viele von der Möglichkeit der Persönlichkeitsentfaltung Gebrauch machen werden, weil alle das Recht dazu haben, daß das Ergebnis ein besserer Informationsstand sein wird, weil es Vorurteilen entgegengewirkt, wenn viele sich entfalten, usw. Demokratie fordert, daß die Leute über das Wissen verfügen können, das nötig ist, um das Wahlrecht angemessen wahrzunehmen. Dies ist eine entscheidende Funktion der Pressefreiheit, aber in dieser Bedeutung ist sie sehr verschieden von derjenigen, welche die beiden oben erwähnten Prinzipien, das der Unternehmerfreiheit in Kombination mit dem Prinzip der Entfaltungsfreiheit, definieren. In diesem Zusammenhang ist Freiheit ein Mittel zum Zweck.

(Historisch betrachtet ist die Pressefreiheit verbunden mit der für den Liberalismus typischen optimistischen Erwartung an den Laissez-faire-Stil. Möglicherweise werden aus Unzufriedenheit mit den Medien für öffentliche Information neue politische Maßnahmen erwachsen, die darauf abzielen, Wege der Selbstentfaltung auch jenen Bevölkerungsgruppen zu eröffnen, die bis jetzt von ihren eigenen Werkzeugen behindert worden sind.)

Viele der aufgestellten Behauptungen mögen fragwürdig sein. Es ist eine Aufgabe historischer oder anderer Forschung zu überprüfen, ob sie richtig oder falsch sind. Hier dienen sie lediglich als Beispiele für das logisch-methodologische Problem. Jedes Beispiel zeigt, glaube ich, daß es ein großer Unterschied ist, ob man einen einzelnen Sachverhalt als Sachverhalt für sich oder in einseitiger Festlegung betrachtet oder ob man versucht, ihn in seiner Funktion innerhalb der Struktur des Ganzen zu verstehen. Folgende Fragen müssen gestellt werden: Wie stehen solche Einzelsachverhalte miteinander in Beziehung, wie sind sie entstanden, was ist ihre zentrale Bedeutung? Worin besteht ihre Rolle und ihre Funktion, ihr praktischer Stellenwert? Welche Sachverhalte sind zentral, welche peripher - wird ihre Bedeutung von anderen Sachverhalten bestimmt, von welchen und wie? Wir müssen sie uns an ihrem Platz in der hierarchischen Struktur des Ganzen vorstellen.

Wenn wir die verschiedenen Einzelsachverhalte betrachten, durch die Demokratie gewöhnlich als eine Summe definiert wird, oder besser gesagt, wenn wir die Mannigfaltigkeit von Einzelsachverhalten betrachten, die der Begriff Demokratie umfaßt, dann haben wir da zunächst zwei logische Möglichkeiten, nämlich zum einen: daß all diese Einzelsachverhalte oder einige von ihnen zu einer "Und-Summe" gehören, innerhalb deren es einige Wechselbeziehungen gibt, oder, zum andern: daß wir es mit einer hierarchischen Struktur zu tun haben, innerhalb derer die Einzelsachverhalte als Teile an einem von der Beziehung zu anderen Teilen abhängenden Platz und mit einer von diesem Ganzen abhängenden Funktion dargestellt werden. Diese Fragestellung unterscheidet sich von der Frage nach Anzahl und Verschiedenheit historischer Wurzeln, Ursachen usw. Diese sind sicher wichtig, aber nach den verschiedenen Sachverhalten zu suchen, die eine Rolle spielen, ist etwas anderes als zu fragen: "Handelt es sich um eine 'Und-Summe' oder um eine Struktur?"

Jemand könnte die gute Frage stellen: "Was ist das Herz der Sache? Gibt es einen strukturellen Mittelpunkt?" Es sind verschiedene Hypothesen möglich. Sollen sie wissenschaftlicher Natur sein, dürfen sie nicht willkürlich oder einseitig, sondern müssen sie unter Berücksichtigung des gesamten Materials ausgewählt werden, um den vielfältigen Wechselbeziehungen gerecht werden zu können, um den strukturellen Mittelpunkt entdecken zu können. Verschiedene hypothetisch angenommene Mittelpunkte müssen untersucht, konsequent auf alle ihre möglichen Bedeutungen im Beziehungsnetzwerk überprüft und schließlich im Hinblick auf ihre Vor-und Nachteile miteinander verglichen werden. Ich werde mich hier darauf beschränken, nur einige Schritte im Zusammenhang mit einer Hypothese zu skizzieren, um das strukturelle Problem zu veranschaulichen.

Wenn wir uns den wirklichen Anfängen der großen Demokratien zuwenden - nehmen wir als Beispiel die Ereignisse in den Vereinigten Staaten und in Frankreich -, dann scheint der Hauptpunkt *nicht* Opposition gegen das Königreich zu sein, gegen den König als König, sondern Opposition gegen Ungerechtigkeit, ein Wunsch nach Vermeidung der vom König begangenen Ungerechtigkeiten, sowohl einem selbst gegenüber wie gegenüber der Allgemeinheit, ein Wunsch danach, nicht mehr den willkürlichen, ungerechten Befehlen des Herrschers unterworfen zu sein. Hypothetisch können wir einmal den Versuch unternehmen, als Mittelpunkt den Wunsch aufzufassen, ein gerechteres Verfahren zu entwickeln und zu garantieren, Entscheidungen und Regierungen zu bekommen, die nicht willkürlich zustandekommen, sondern bestimmt sind von Vernunft und Gerechtigkeit; das heißt, daß gegen Unterdrückung, Gewalt und Gaunerei Widerstand geleistet wird, daß eine offene, ehrliche Verfahrensweise gesucht wird. So wird deutlich, daß es keineswegs primär um die Änderung der Regierungsform geht.

Logisch gesehen würde es sich dabei um einen sekundären Schritt im Hinblick auf die bessere Verwirklichung des primären Ziels handeln, insofern als Königreiche die größere Gefahr des willkürlichen, ungerechten Verhaltens, eines Verhaltens, das nicht von Vernunft, Gerechtigkeit und dem Bemühen um das Gemeinwohl bestimmt ist, in sich bergen. Aus der Zielvorstellung, daß Menschen, mit denen ungerecht umgegangen wurde, zum Beispiel das Recht haben sollen, angehört zu werden, Berufung einzulegen, an Entscheidungen mitzuwirken, ist überdies die Vorstellung von der Herrschaft des Volkes, vom Parlament hervorgegangen. Das Prinzip der Gerechtigkeit und der Vernunft, wie es der willkürlichen Behandlung entgegengestellt wird, ist nicht nur chronologisch dem Gegensatz Volksprinzip versus Königsprinzip vorgeordnet, es ist ebenso auch strukturell primär, zentral für diese Hypothese. Im Rahmen dieser Struktur müssen Sachverhalte wie Herrschaft des Volkes, Stimmrecht, Mehrheitsrecht usw. usw. als sekundäre Sachverhalte aufgefaßt werden, die vom Mittelpunkt bestimmt werden, und ihre inhaltliche Bedeutung muß im Lichte der zentralen Idee begriffen werden - das Wahlergebnis zum Beispiel als der vorurteilsfreie Beschluß des Volkes. Diese Art von Beschlußfassung, auf der Grundlage der zentralen Idee, fordert wiederum als Mittel zum Zweck die Gewährleistung ungehinderter Information, das Recht der freien Rede usw. Ähnlich ist es mit anderen Sachverhalten; die Idee der Gewaltenteilung ist zum Beispiel, der Logik folgend, ebenso von dieser zentralen Idee bestimmt. Indem man diese bis in ihre letzten Konsequenzen ausarbeitet, wird klar, daß die meisten Charakteristika, die meisten Vorstellungen von demokratischen Institutionen stimmig sind, wenn sie im Lichte der zentralen Idee von Gerechtigkeit und Vernunft, getragen vom Glauben an die Menschen, an die Idee vom homo sapiens usw. betrachtet werden.

Das Problem der Zentrierung gibt Anlaß zu Fragen wie dieser: Wie muß der entscheidend wichtige Sachverhalt der Autonomie des Individuums, der Mitsprache bei Entscheidungen, der frei aus Überzeugung abgegebenen Stimme, des dem contrat social entsprechenden Individuums strukturell eingeordnet werden? Man kann darin einen weiteren, dem von uns zuerst erwähnten gleichrangigen Hauptpunkt sehen, man kann in diesem statt in jenem die zentrierende Idee sehen oder diesen als sekundär im Vergleich zu jenem ansehen. Die beiden unterscheiden sich ein wenig, zumindest in der Betonung. Wenn wir als Mittelpunkt die "eingeborenen Rechte des Individuums" nehmen, bekommen wir hinsichtlich der angezeigten Richtungen ein leicht verändertes Bild. Ich will nur kurz sagen, daß sich nach Untersuchungen der

Wechselbeziehungen zwischen den beiden Prinzipien das Prinzip der Autonomie als strukturell sekundär zu erweisen scheint, als in eine bestimmte Richtung weisende Konsequenz aus dem ersten Prinzip, genauso wie das Prinzip der Gleichheit, der Gleichheit vor dem Gesetz usw. eine bestimmte, aus dem ersten Prinzip folgende Konsequenz zu sein scheint.

Aus dem Inhalt von "Freiheit", von "Nichteinmischung", wie ihn der Liberalismus in seiner Beziehung zur Harmonietheorie des Laissez-faire versteht, ergibt sich ein anderes Problem. Diese Vorstellung ist von entsprechender wesentlicher Bedeutsamkeit, sowohl in politischer als auch in ökonomischer Hinsicht (vgl. das *Boltzmann*-Prinzip in der Physik). Vielleicht handelt es sich hier tatsächlich um eine "Und-Summe". Diese Vorstellungen enthalten gewiß typische Eigenheiten, die logisch betrachtet, dem zuerst behandelten Prinzip fremd sind, zum Beispiel "beliebige Freiheit", Nichteinmischung bei "beliebigem" freiem Unternehmertum usw., gewiß aber gibt es auch innere Zusammenhänge, Merkmale, die dem erstgenannten Prinzip der Gerechtigkeit und der Vernunft sehr nahe kommen. Wir können uns hier mit diesem komplizierten Problem nicht ausdrücklich beschäftigen. Nur den einen Punkt will ich erwähnen: Daß couragierte Wahrheitsliebe, der Wille zu objektiver Vernunft, zu gerechten Entscheidungen Freiheit des Menschen und seines Denkens erfordert, daß daraus aber nicht die Harmonietheorie des Laissez-faire im Hinblick auf Unternehmertum usw. folgt.

Unabhängig von diesen und anderen Merkmalen scheint es so zu sein, daß es eine logische Struktur der Demokratie mit einer Hierarchie von Teilen gibt. Beeindruckend ist es zu sehen, wie die verschiedenen speziellen Sachverhalte, die verschiedenen Einzelheiten der Darstellung ihre Bedeutung in ihrer Lage, in ihrer Rolle, in ihrer Funktion als Teile der Darstellung erhalten, zusammen mit den ethischen und erzieherischen Zielen der Demokratie, der Wahrheitsliebe, der Aufrichtigkeit, des Fairplay, der Vertrauenswürdigkeit usw. In dieser Weise betrachtet, scheint das wirkliche Wesen der Demokratie keine Regierungsform, keine Summe von Institutionen usw. zu sein, sondern eine gewisse Grundeinstellung zum Leben, ein Verhalten von besonderer Art, nicht nur gegenüber Staatsangelegenheiten, sondern in den Beziehungen zwischen Menschen allgemein. Diese Einstellung weist einige charakteristische Übereinstimmungen mit der Rolle des Richters oder des Geschworenen auf, eher als mit dem Kampf von Interessengemeinschaften. Der Staat wird nicht als eine Regierungskörperschaft betrachtet, sondern als Garant von Gerechtigkeit und Vernunft, der nicht Recht zu erschaffen hat, sondern es erfüllen, mittels Gesetzgebung verwirklichen muß.

Es erscheint notwendig, solche Schemata für die verschiedenen Teil-Sachverhalte, für ihre Wechselbeziehungen und ihre Festlegungen als Teile des Schemas sorgfältig auszuarbeiten und den Versuch zu unternehmen, die Schlußfolgerungen aus der strukturellen Funktion der Einzelsachverhalte zu überprüfen. Es gibt Methoden für die Prüfung solcher Hypothesen und für den Vergleich verschiedener Strukturhypothesen. Strukturthesen, Strukturmittelpunkte werden oft blindlings durchgesetzt. Oft begegnen wir Feststellungen und Argumenten, die einfach die Folge einer tendenziösen Einengung des geistigen Horizontes sind, einer Betrachtung von Teilen, als wären sie der wesentliche Sachverhalt selbst. Sicherlich sähen manche Gerichtsentscheidungen, manche politischen Vorgehensweisen und Argumente anders aus, hätten sie ihren Ursprung nicht darin, daß Einzelsachverhalte einseitig, losgelöst von ihrer Funktion im Ganzen betrachtet werden.

Manche Theoretiker mögen nach der Begründung für das Forschungsinteresse an der logischen Struktur dieser Dinge fragen. Nach ihrer Auffassung handelt es sich durchweg um sekundäre Dinge, "Ideologie", "Rationalisierung", "sollte man nach den wirklichen Kräften dahinter suchen". Ich möchte diese Sichtweise hier nicht erörtern. Ich will nur anmerken, daß es sich bei diesen Dingen gewiß nicht nur um vage Vorstellungen handelt; sie sind in den wirkenden Haltungen und Handlungen des Menschen lebendig. Mehr noch: Beim Studium der "wirklichen Kräfte hinter" den Vorstellungen scheint es von gleichrangiger Bedeutung zu sein, klar zu sehen, worin die Vorstellungen bestehen und wie sie strukturell zueinander in Beziehung stehen. Und schließlich tauchen die entsprechenden wesentlichen Probleme beim Studium der Kräfte selbst erneut auf.

Ein weiterer Punkt muß hinzugefügt werden. Der Hauptpunkt in unserer Überlegung ist der Unterschied gewesen zwischen einem Einzelsachverhalt, der für sich oder in einseitiger Festlegung betrachtet wird, und einem Einzelsachverhalt, der als Teil der hierarchischen Struktur namens Demokratie aufgefaßt wird. Wir haben uns mit Sachverhalten im Rahmen politischer Demokratie beschäftigt. Die Frage der Betrachtung stellt sich jedoch erneut, wenn wir, wie wir es müssen, uns die Struktur der Demokratie als ein Teil vorstellen, das innerhalb der umfassenderen Struktur des sozialen Feldes seine Funktion hat. Strukturell sieht Demokratie als ein Teil in verschiedenen umfassenderen Feldern jeweils etwas anders aus.

Nehmen wir einmal an, daß unsere These im wesentlichen zutrifft. Nehmen wir einmal an, daß Demokratie eine hierarchische Struktur ist und daß sie in einem gewissen Ausmaß verwirklicht worden ist. Dann darf diese politische

Demokratie nicht als eine Struktur an und für sich, sondern muß sie als Teil im sozialen Feld, im größeren Ganzen betrachtet werden. Lassen Sie mich, nur, um das Strukturproblem zu veranschaulichen, zu diesem nächsten Schritt ein paar vereinfachte Hinweise geben. Man denke an die Pionierzeit. Wir können sie uns vorstellen als eine Art von sozialem Feld, in dem die Produktionsbedingungen, die Bedingungen des wirtschaftlichen Lebens, der Möglichkeiten für das Individuum usw. aufs Ganze gesehen ein Ergebnis ziemlich guten Funktionierens, der Wechselseitigkeit, einer Art von Gleichgewicht war, wenn aus keinem anderen Grund, dann auf Grund der weitreichenden Möglichkeiten für alle Menschen. In logischer und struktureller Hinsicht paßten die Lebensbedingungen gut zu den Einstellungen, Zielen, Ausführungsbestimmungen der Demokratie. Was wir das "Teilsystem" Demokratie nennen können, Laissez-faire eingeschlossen, paßte im guten Sinne, lieferte Antworten auf die auftauchenden Fragen, wurde mit ihnen in befriedigender Weise fertig. Nun denke man an einen einschneidenden Wandel im sozialen Feld, in welchem Demokratie als ein Teil funktioniert. Man denke an bedeutende Veränderungen im ökonomischen "Teilsystem", die Entwicklung großkapitalistischer Formen, Industrialisierung, Arbeitermassen, wirtschaftliche Depression, Massen von Arbeitslosen usw. Spannungen und Belastungen sind geboren. Das System Demokratie steht neuen Problemen gegenüber. Ungleichgewicht,

Überbelastung, Spannungen in einem Teil des Feldes, z. B. im ökonomischen, sind nicht schlicht unwichtig für das "Teilsystem" Demokratie. Probleme des Ganzen - Bewegungen des ganzen Systems - kommen auf.

In der Pionierzeit funktionierte das *Boltzmann*-Prinzip weitgehend problemlos. Nicht nur hatte das Individuum seine Chancen, der andere hatte die seinen, und es war stimmig, davon auszugehen, daß, befriedigte man seine privaten ökonomischen Interessen, man zugleich dem allgemeinen Wohl den besten Dienst erwies. Aber wenn große Veränderungen in wichtigen Teilen des Feldes eintreten, ist es für das Demokratiesystem nicht mehr einfach, weiter genauso gut als Teil-System des umfassenderen Feldes zu funktionieren. Spannungen in bezug auf dieses "Teil-System" kommen auf. Es gibt neue Probleme. Die alte Idee kann in Kombination mit dem Laissez-faire-Prinzip nicht so leicht mit den Schwierigkeiten fertigwerden und sich in das neue Feld einpassen. Im früheren Feld der Pionierzeit war es vergleichsweise viel einfacher, unangefochten zu funktionieren. Hier ist der Punkt, wo man das Funktionieren eines Systems als Teil eines umfassenderen Systems betrachten muß, wo man die systematischen Konsequenzen untersuchen muß, die für das "Teil-System" aus einem Wandel von Teilen im umfassenderen System folgen.

Nach dem Wandel im übergreifenden System funktioniert Demokratie zwar weiter, aber unter Spannung. Die Einzelsachverhalte darin bekommen eine strukturell etwas andere Bedeutung. Freie Marktwirtschaft, Vertragsfreiheit bedeutet beispielsweise angesichts der neuen Beziehungen zwischen Unternehmer und Arbeitermassen etwas ganz anderes. Um den extremen Fall zu nehmen: Es ist eine Sache, Unternehmerfreiheit und Vertragsfreiheit unter der Bedingung wirklich wechselseitiger Freiheit gelten zu lassen, und es ist eine andere, wenn sie als parteiische Instrumente dienen. Das Prinzip der Nichteinmischung bekommt, sobald es nicht auf wirkliche Wechselseitigkeit hinausläuft, eine neue Bedeutung. Eine Differenz zwischen einer rein politischen Demokratie und einer Demokratie, die die nun veränderten Realitäten des Lebens mitumfaßt, tut sich auf. Unter dem Gesichtspunkt der Logik war der Inhalt einiger der alten Sachverhalte nicht berührt von bestimmten Sachverhalten der Realität, weil diese gut funktionierten, ein wechselseitiges Gleichgewicht ermöglichten. Nun sind diese alten Einzelsachverhalte mit neuen Realitäten konfrontiert, denen, um dem demokratischen Prinzip wieder zur Geltung zu verhelfen, Rechnung getragen werden muß. Rigide festzuhalten an diesen Einzelsachverhalten in ihrer alten Bedeutung, ohne Berücksichtigung der neuen Bedingungen, ohne danach zu fragen, was im Licht der höchsten Prinzipien von Demokratie gefordert ist, läßt auf ein gewisses Maß an Blindheit schliessen. Es gibt in der neuen Situation dynamische Forderungen des Systems, mit denen man sich auseinandersetzen muß, damit Demokratie wieder ein funktionierender Teil im gesamten System des sozialen Feldes werden kann.

Im Hinblick auf dieses Problem gibt es verschiedene Haltungen, die strukturell verschiedene Dinge bedeuten. Die erste ist: Abwarten, es gibt da für uns nichts zu ändern; wir haben unverrückbar zu den alten Bedeutungen zu stehn; das Wetter wird sich ändern; die Bedingungen werden bald besser sein; mit den alten Bedeutungen wird es wieder zwanglos klappen. Die zweite ist: Wir müssen verschiedene Einzelpunkte weiterentwickeln, damit das System wieder im Einklang mit den Forderungen der zentralen Bedeutung von Demokratie funktionieren kann; "für wahre Demokratie braucht es mehr als die alte politische und individuelle Freiheit", bei der es sich im Augenblick nur um Scheinfreiheit handelt. Aus einer neuen Bedeutung der Einzelsachverhalte innerhalb von Demokratie erwächst die Idee vom Gesellschaftsbewußtsein. Die dritte Haltung ist: Demokratie wird als ungeeignet abgelehnt. Manche meinen, daß sie für einige Zeit außer Kraft gesetzt werden sollte, um die Voraussetzungen für wahre Demokratie zu einem späteren Zeitpunkt schaffen zu können. Andere sprechen der Demokratie grundsätzlich die Existenzberechtigung ab und verschaffen gänzlich anderen Prinzipien Geltung. Es wäre besser, die Vertreter dieser verschiedenen Haltungen würden das strukturelle Problem in einer logisch konsistenten und logisch wahrhaftigen Weise betrachten, statt das logisch gegebene Feld auf willkürliche und oberflächliche Art umzuzentrieren und einzuengen.

Um zusammenzufassen: Die Feststellung und Erörterung von Einzelsachverhalten nach der Methode subtrahierender Abstraktion genügt nicht. Wir müssen ihre strukturelle Funktion betrachten. Der methodologische Ansatz besteht nicht nur im Vergleichen verschiedener Regierungsformen anhand des Vergleichs von auf dem Wege subtrahierender Abstraktion gewonnenen Einzelsachverhalten, sondern darin, daß die innere Struktur des Gegenstands untersucht und das System unter Strukturgesichtspunkten in seinem Wirken als ein Teil in seinem Feld betrachtet wird.

EINE GESCHICHTE DREIER TAGE [1]

Ich werde berichten, was im Verlauf dreier Tage einem braven Mann widerfuhr, der sich angesichts der Weltlage nach einer Klarstellung der Grundlagen von Freiheit sehnte.

Er sah: Ideologische Entwertung der Freiheit hatte sich ausgebreitet; Freiheit in der humanen Bedeutung des Wortes war für falsch erklärt worden, für überholt und wertlos; und der Glanz der alten Idee war oft für andere Zwecke ausgeschlachtet worden. Manche Menschen schienen sie völlig aus den Augen verloren zu haben, ohne zu merken, was sie dabei verloren hatten. Verwirrt durch die Vielschichtigkeit konkreter Situationen reagierten viele unsicher, ja, stellten die Vorstellungen von Freiheit insgesamt, ihren Sinn, ihren Wert und ihre Aktualität grundsätzlich in Frage. Sogar Menschen, die die Freiheit zutiefst liebten, erlebten sich gegenüber der aktuellen Argumentation hilflos. So ging es auch unserem Mann; nicht, daß er in vielen oder den meisten konkreten Punkten unsicher

---

[1] Aus dem Amerikanischen von Marianne Kerres und Hans-Jürgen Walter.
Originaltitel: A Story of Three Days. Erstveröffentlichung: 1940 in R. N. Anshen (Hg.): Freedom: Its Meaning. Harcourt, Brace and Company, Inc.; neu abgedruckt in M. Henle (Hg.): Documents of Gestalt Psychology. Univers. of California Press 1961 (Anm. d. Hg.).

gewesen wäre; aber er wollte eine grundlegende Klarstellung haben. Was ist Freiheit eigentlich? Was verlangt sie? Warum ist sie mir so lieb? Er war ein bescheidener Empiriker, aufgeschlossen und dürstend nach Belehrung.

Natürlich waren die drei Tage seiner Suche nur ein Anfang für ihn. Er kam nur einigen für seine Fragestellung wichtigen Gesichtspunkten näher, denn es war eine Sache des Zufalls, welchen bestimmten Menschen er gerade begegnete und welche bestimmten Bücher er gerade las. Sie repräsentierten nur bestimmte Standpunkte und die Diskussionen waren keineswegs erschöpfend; dennoch glaube ich, daß seine Erfahrungen in vieler Hinsicht charakteristisch waren für manche Grundtendenzen des gegenwärtigen Denkens.

Das waren dramatische Tage für ihn, in denen er immer verwirrter wurde, aber am Ende dieser drei Tage meinte er, einiges an Klärung erreicht zu haben, das, was ihm zuvor nur sein Herz gesagt hatte, jetzt klarer zu sehen.

Er suchte einen Soziologen auf, der sich auf die Untersuchung eben dieser Probleme eingelassen hatte und stellte seine Frage. Der Soziologe war freundlich. Er berichtete ihm von Forschungen der modernen Soziologie: über die Geschichte von Gesellschaften, wie sich Vorstellungen von

Freiheit in ihnen entwickelt hätten und was Freiheit für sie bedeutet hätte; er erzählte ihm, wie verschieden die Vorstellungen über Freiheit wären, die Methoden, sie zu verwirklichen usw. Unser Mann war von der Vielfalt des Gehörten fasziniert. Er spürte, daß hier Menschen mit ehrlichem und aufrichtigem Anliegen am Werk waren; das waren ernsthafte Studien, und er wurde immer hoffnungsvoller. "Sie sind der richtige Mann", sagte er. "Ich bin sicher, Sie denken angesichts der Weltsituation genau wie ich", und er erzählte ihm, wie er dachte.

"Ich teile Ihre Überzeugungen", sagte der Soziologe. "Ich stehe auch stolz und leidenschaftlich zu unseren traditionellen Werten."

"Aber warum?" kam die Frage. "Was macht auch Ihnen Freiheit so lieb, und was ist Freiheit eigentlich?"

"Ich fühle mich eins mit den Traditionen unseres Volkes", sagte der Soziologe. "Aber wenn Sie mich über die Grundlagen befragen, muß ich antworten: Es wurde in unseren Studien immer klarer, daß die Maßstäbe, die Bewertungen, die Ziele, die für ein Individuum gelten, geformt und bestimmt werden durch die soziale Gruppe, die Gesellschaft, von der er ein Teil ist. Verschiedene Zeitabschnitte der Geschichte, verschiedene Gesellschaften, verschiedene Nationen haben verschiedene Sichtweisen. Ethische Wertvorstellungen sind relativ."

Es herrschte eine lange Pause. Nach einer gewissen Zeit fragte unser Mann mit bedrückter Stimme: "Ist das alles? Sollte also wahr sein, was diese Anderen behaupten? Sind unsere Vorstellungen von Freiheit lediglich die historischen Maßstäbe einer bestimmten Zeit, jetzt vielleicht schon überholt? Gibt es keine grundlegenden Maßstäbe? Handelt es sich bei der Rede von Freiheit als notwendiger Voraussetzung um ein Märchen?"

"Kein Märchen", sagte der Soziologe, "aber diese Vorstellungen haben sich in bestimmten historischen, kulturellen und gesellschaftlichen Situationen entwickelt und sind für eben diese Situationen typisch."

"Und sonst nichts?" fragte unser Mann. "Ist denn keine Entscheidung zwischen den verschiedenen Systemen möglich? Gibt es denn keine typischen Kennzeichen des Menschen, die wichtig für seine Existenz sind und zugleich wichtig im Hinblick auf die Frage nach Freiheit, gibt es keine Gefordertheiten für Menschen, wie Menschen sein sollten? Keine Kennzeichen, die in der menschlichen Gesellschaft wünschenswert und gefordert sind?"

"Sie rühren hier an sehr schwierige Dinge," sagte der Soziologe. "Einige meiner Freunde würden sagen, daß der Kampf um Freiheit immer schon ein Kampf gegen bestimmte konkrete Beschränkungen und Zwänge war und notwendigerweise zu verschiedenen Zeiten voneinander Verschiedenes bedeutete. Die Gesellschaft gewährt in ihren Regeln und Institutionen notwendigerweise Freiheit und setzt Grenzen, die sich mit der Zeit in verschiedene Richtungen verändern. Es gibt keine Axiome, die mir erlauben würden, von fundamentalen Maßstäben zu sprechen. Über 'den Menschen' oder 'die Gesellschaft' zu sprechen, ist nur eine blasse Abstraktion."

Unser Mann wurde immer verwirrter. "War es das", sagte er, "was Ihre Freunde geschrieben und gelehrt haben? Und war das nicht einer der Faktoren für die Entwicklung, mit der wir es nun zu tun haben, einer der Faktoren, die den Weg für politische Führer geebnet haben, die willkürlich und mit schwerwiegenden Folgen eine neuartige völkische oder rassische Ethik verkünden?"

"Überschätzen Sie die Bedeutung der Auffassungen von Soziologen nicht", sprach der Soziologe ruhig. "Ich sagte Ihnen, daß dies die Position ist, die die meisten meiner Freunde vertreten. Und sicherlich wurden sie von ihren Untersuchungsbefunden regelrecht zu ihren Schlüssen gezwungen; wichtige Faktoren ihrer Befunde sprechen für ihre Schlußfolgerungen. Wir können sie nicht so leicht übergehen. Ich meinerseits kann aber auch Ihre Fragen nicht mit deren Antwort wegwischen. Ich habe den Eindruck, daß das echte Fragen sind; daß wir als Soziologen nicht nur die Unterschiede zwischen den verschienen Kulturen zu sehen haben, sondern auch nach den Grundlagen suchen müssen, nach Übereinstimmungen zwischen menschlichen Bedürfnissen und der Dynamik einer Gesellschaft - zwischen einer Lehre vom Menschen und einer Lehre von der Gesellschaft. Es gab Ansätze in dieser Richtung. Ich glaube wie Sie, daß in diesem Zusammenhang das Problem der Freiheit eine echte Rolle spielen wird. Aber das sind wissenschaftliche Utopien, mein Freund. Wir sind weit von jeder echten Einsicht entfernt, sogar weit entfernt von einer echten Methode der Annäherung. Es gibt einige junge Soziologen, die sich in dieser Richtung vorwärtstasten und mit dem Problem ringen.

Aber wenn Sie von mir eine Definition von Freiheit haben wollen, und zwar eine, die nicht gänzlich auf die Wirklichkeit einer ganz bestimmten Gesellschaft beschränkt ist - ich würde es wirklich vorziehen, Ihnen eine solche Antwort zu geben -, ja dann müßte meine Antwort lauten: Abwesenheit von Einschränkungen, Zwängen, äußeren Hemmnissen, das zu tun, was man gerne tun möchte - und vielleicht sollte ich noch hinzufügen: Abwesenheit von innerlich gesetzten Hemmungen. ... Obwohl ich zugeben muß, daß so einer Definition ein Mangel an Konkretheit anhaftet."

Unser Mann dankte dem Soziologen. Er fühlte sich traurig, verblüfft, verwirrt. Er kam nach Hause, setzte sich hin und langte nach einem der Bücher, die er für seine Suche bestellt hatte. Es war der Roman eines berühmten Schriftstellers aus dem Jahre 1936. Er war aber zu verstört, um gründlich lesen zu können. Eine bestimmte Seite stach ihm ins Auge. Immer erregter las er folgende Sätze:

Anthony ... blätterte in den Seiten seines letzten Notizbuches ... er begann zu lesen.

"Acton wollte die Geschichte der Menschheit in Form einer Geschichte der Freiheitsidee schreiben. Aber man kann eine Geschichte der Freiheitsidee nicht schreiben, ohne zugleich eine Geschichte des Faktums der Sklaverei zu schreiben. ...

Oder eher: eine der Versklavungen. Denn in seinen sukzessiven Bemühungen, die Idee der Freiheit zu realisieren, verwandelt der Mensch fortwährend eine Form der Sklaverei in eine andere. ...

Schafft die Abhängigkeit gegenüber der Natur ab. Sofort entsteht eine neue Form der Sklaverei. Versklavung in Institutionen. ...

Alle moderne Geschichte ist eine Geschichte der Idee des Befreitseins von Institutionen. Sie ist auch die Geschichte des Faktums von Versklavung in Institutionen.

Institutionen werden im Bemühen darum, die Idee von Freiheit zu verwirklichen, verändert. Es vergeht eine gewisse Zeit, bis man das Faktum der neuen Sklaverei wahrnimmt. ...

Die Flitterwochen mögen zwanzig oder dreißig Jahre anhalten. Dann wird erkannt, daß die neuen Institutionen genauso versklaven, wie die alten. Was muß getan werden? Tausche die neuen Institutionen für noch neuere aus. ... Und immer so weiter - unbegrenzt, zweifellos.

In jeder beliebigen Gesellschaft gilt die tatsächliche Freiheit nur für eine kleine Anzahl von Individuen. ... Für diese stellen Institutionen eine Art Gerüst dar, auf welchem sie ihre speziellen Turnübungen praktizieren können, wie es ihnen beliebt ..."

Anthony schloß sein Buch mit dem Gefühl, daß er keine einzige Zeile mehr lesen konnte. Nicht, daß seine Worte nun weniger wahr erschienen als damals, als er sie nieder-

geschrieben hatte. Auf ihre eigene Art und ihrem besonderen Niveau waren sie wahr. Warum erschien ihm dann das alles so schrecklich falsch und verkehrt?

"Schrecklich falsch und verkehrt", sagte unser Mann leidenschaftlich. Wie war es überhaupt für einen Menschen möglich, fragte er sich, solche Behauptungen aufzustellen! Was er eben gelesen hatte, erschien ihm unglaublich. Gleichzeitig fühlte er sich seltsam erinnert an Bemerkungen, denen er in den letzten Jahren bei der einen oder anderen Gelegenheit begegnet war und denen irgendwie diese unglaublichen Formulierungen zugrundelagen. Nun verwandelte sich seine Sehnsucht nach Klarheit in leidenschaftlichen Tatendrang. Ich muß, ich muß das alles durchschauen. Irgendwie ist es eine seltsame Verdrehung - die Tatsachen auf diese Art und Weise zu betrachten, scheint sie in eine aussichtslose und falsche Richtung zu pressen. *Was* ist das, was falsch ist an den Grundlagen dieses Bildes?

Er nahm das nächste Buch zur Hand. Es war ein Buch aus dem Jahr 1928 von einem berühmten Psychoanalytiker und handelte von Kultur. Er las es von vorne bis hinten durch. Immer wieder kehrte er zu einigen grundlegenden Formulierungen darin zurück. Hier und da gab es Bemerkungen anderer Art, aber im wesentlichen schienen diese Formulierungen unverholen Grundannahmen auszudrükken, die geradewegs zu jenen verwirrenden Passagen hinführten, denen er in dem Roman begegnet war.

"... *daß sich jede Kultur auf Zwang und Triebverzicht aufbauen muß;*

... *eine Neuregelung der menschlichen Beziehungen ..., welche auf den Zwang und die Triebunterdrückung verzichtet, ... wäre das goldene Zeitalter, allein es fragt sich, ob ein solcher Zustand zu verwirklichen ist. ... der seelische Besitz der Kultur ... Versagung ... Verbote ... Entbehrung ... Die Triebwünsche, die unter ihnen leiden, werden mit jedem Kind von neuem geboren.*

... *Solche Triebwünsche sind die des Inzests, des Kannibalismus und der Mordlust.*

... *Es liegt in der Richtung unserer Entwicklung, daß äußerer Zwang allmählich verinnerlicht wird.*

... *Jedes Kind führt uns den Vorgang einer solchen Umwandlung vor, wird erst durch sie moralisch und sozial.*

... *Die Personen, bei denen sie (die Verinnerlichung äußeren Zwanges) stattgefunden hat, werden aus Kulturgegnern zu Kulturträgern.*

... Man merkt dann mit Überraschung und Besorgnis, daß eine Überzahl von Menschen den diesbezüglichen Kulturverboten nur unter dem Druck des äußeren Zwanges gehorcht, also nur dort, wo er sich geltend machen kann und solange er zu befürchten ist. Dies trifft auch auf jene sogenannt moralischen Kulturforderungen zu ... .

... Wir haben von Kulturfeindseligkeit gesprochen, erzeugt durch den Druck, den die Kultur ausübt, die Triebverzichte, die sie verlangt. Denkt man sich ihre Verbote aufgehoben, man darf also jetzt zum Sexualobjekt jedes Weib wählen, das einem gefällt, darf seinen Rivalen beim Weib, oder wer einem sonst im Weg steht, ohne Bedenken erschlagen, kann dem anderen auch irgendeines seiner Güter wegnehmen, ohne ihn um Erlaubnis zu fragen, wie schön, welch eine Kette von Befriedigungen wäre dann das Leben!

... (aber) Im Grunde kann also nur ein Einziger durch solche Aufhebung der Kultureinschränkungen uneingeschränkt glücklich werden, ein Tyrann, ein Diktator, der alle Machtmittel an sich gerissen hat ... ."[2]

"Könnte das wahr sein?" rief unser Mann aus. "Ist das der Mensch? Die Gesellschaft? Die Freiheit? Ist Freiheit das

---

[2] Wertheimer zitiert hier aus S. Freud: Die Zukunft einer Illusion. In: Ges. Werke XIV, S. 327-336. S. Fischer Verlag, 5. Aufl. Frankfurt/M. 1972; auch enthalten in: Fischer Bücherei Bd. 851, S. 87/8, 90/1 und 95; Anm. d. Übers.

Fehlen äußerer oder innerer Unterdrückung von 'Triebregungen'? Ist der Mensch im wesentlichen so determiniert, daß er angetrieben wird durch Angst vor Strafe oder durch Gewohnheiten, durch verinnerlichte Vorschriften, die in ihm unter Zwang verankert wurden?"

"Ich muß mit einem Philosophen sprechen!"

Am nächsten Tag besuchte er einen Philosophen und fragte ihn: "Können Sie mir bitte sagen, was die Philosophie unter Freiheit versteht?"

Der Philosoph lächelte. "Das ist seit Jahrhunderten ein bekanntes und vielbehandeltes Thema in der Philosophie. Wenn Sie wollen, kann ich Ihnen eine große Anzahl von Büchern aufzählen, die Sie studieren können - sind Sie interessiert an der Geschichte der Philosophie? Es gibt eine Reihe von Philosophen, die sich immer noch mit diesen Fragen beschäftigen; aber wenn Sie wollen, kann ich versuchen, Ihnen kurz darzulegen, wie in der modernen Philosophie mit diesem Problem aus meiner Sicht umgegangen wird und wie es, möchte ich sagen, in der modernen Philosophie auch angemessen beachtet und geklärt worden ist.

Die Vorstellung von Freiheit, freiem Willen, freier Wahl spielte schon immer eine bedeutende Rolle in verschiedenen Religionen und verschiedenen Philosophien. Sie war Wunschdenken. Moderne Entwicklungen in Naturwissenschaft und Philosophie haben gezeigt, daß es kein freies Handeln gibt. Kausalität regiert es oder, wie wir es ausdrücken: Alle Handlungen finden gemäß dem Prinzip des Determinismus statt, sind determiniert durch ihre Ursachen; so etwas wie eine Handlung, die unverursacht zustande kommt, gibt es nicht; was also stattfindet, findet notwendigerweise statt. Es ist schiere Blindheit, wenn Menschen glauben, daß sie frei sind zu handeln oder sich zu entscheiden, wenn sie sich nicht klarmachen, daß ihr Handeln das notwendige Resultat von Kräften ist, die ihre Wahl bestimmen.

Sie können in die modernen psychologischen Lehrbücher schauen. In den meisten werden Sie nicht einmal Begriffe wie 'freier Wille', 'Entscheidungsfreiheit' usw. finden.

Es hat über dieses Prinzip des Determinismus Auseinandersetzungen gegeben. Manche versuchten, die alten, überholten Ideen zu retten, indem sie versuchten, eine Art psychologischen Indeterminismus zu verteidigen. Aber es gibt wenige, die diese Sichtweisen immer noch der Verteidigung wert finden. Es gibt heutzutage einige Philosophen, die glauben, daß durch die neuesten Entwicklungen in der

Physik, nämlich die Unschärferelation und die statistische Wahrscheinlichkeitslehre, der Indeterminismus wieder an Boden gewinnt. Aber man sollte die Bedeutung und die Rolle dieser Konzepte in der modernen Physik nicht mißverstehen: Sie mögen für manche Unbestimmtheit oder zufällige Ereignisse passen, aber sie liefern keine Basis für die Existenz freien Willens."

Unser Mann versank in tiefes Nachdenken. "Ich glaube", sagte er, "ich begreife, daß diese philosophische Entdeckung des Determinismus wichtige Konsequenzen hat. In der Beurteilung beispielsweise eines Menschen, der ein Verbrechen begangen hat, sollten wir nicht vergessen, Ausschau zu halten nach den Gründen, die ihn dazu veranlaßten. Wir könnten dann herausfinden, daß seine Tat auf Umständen beruhte, die sich seiner Kontrolle entzogen. Wir müssen versuchen, seine Tat von den Faktoren kausaler Notwendigkeit her zu begreifen."

"Ja", antwortete der Philosoph", aber vergessen Sie nicht, daß das nicht nur in Fällen notwendig ist, in denen Sie eine äußere Kraft entdecken mögen, die ihn dazu zwang, sondern auch in Fällen, bei denen man in verflossenen Zeiten gesagt hätte, daß er aus freiem Willen, aufgrund eigener Entscheidung, ohne äußeren Zwang gehandelt hat. So eine Betrachtung ist äußerst oberflächlich. Ein Mensch ist auch in diesen Fällen von dem Satz in ihm wirkender kausaler Kräfte determiniert, von seinen Sehnsüchten, Instinkten, erworbenen Gewohnheiten."

"Gibt es da nicht auch", warf unser Mann in aller Bescheidenheit ein, "den wichtigen Faktor, daß trotz alledem ein Mensch in einer Situation, die ihm eine Entscheidung abfordert, nichts von den Kräften spürt, die ihn bestimmen werden, und daher praktisch wählen muß, sich entscheiden muß? Könnte es vielleicht, *nachdem* die Entscheidung gefallen ist, *nachdem* die Tat begangen ist, für jemanden, der zurückschaut, von besonderem Wert sein, daß alles vorherbestimmt ist, *nicht aber vorher*? Und so gesehen, kann das Prinzip des Determinismus die Frage der Entscheidungsfreiheit vielleicht doch nicht wegwischen."

"Es gibt Einige", sagte der Philosoph, "die von diesem Faktor des Vergangenen und Zukünftigen für unser Problem Gebrauch machen, wiederum im Zusammenhang mit neuen Entwicklungen in der modernen Physik. Aber merken Sie denn nicht, daß das nicht weiterhilft - das kann ja gerade der Grund sein, warum der Mensch sich über sich selbst täuscht, warum es ihm so vorkommt, als wäre er frei; und das bedeutet doch nichts anderes, als daß er nicht weiß, wie er in seinen scheinbar freien Entscheidungen gesetzmäßig und notgedrungen von Ursachen determiniert wird."

Unser Mann fühlte sich bei dieser Antwort nicht wohl. Unfähig zu einer Klärung der Sachlage, stellte er eine neue Frage. "Sind diese Ideen über Determinismus nicht irgendwie gefährlich?" fragte er. "Ich könnte mir vorstellen, daß ein Mensch, der wirklich dazu kommt, an den Determinismus zu glauben und auch in Übereinstimmung mit diesem Glauben zu handeln, nicht nur seine Weltanschauung ändert, sondern auch insbesondere das, was er tut. Er würde ein Fatalist werden, befreit von allen Schwierigkeiten angesichts einer Situation, die fordert, sich zu entscheiden ... es wird ohnehin geschehen ... ."

"Richtig," sagte der Philosoph mit einem verschlagenen Zwinkern. "Aber glücklicherweise glauben die Menschen an ihren Willen; und selbst, wenn sie entsprechend ihren philosophischen Auffassungen vom Determinismus überzeugt sind, machen sie in einer gegebenen Situation keinen Gebrauch davon. Andrerseits aber können Sie in ihrer Bemerkung geradezu eine eindrückliche Bestätigung des Prinzips des Determinismus sehen: Sogar, ob Sie an das Prinzip glauben oder nicht glauben, ist vielleicht ein determinierender Faktor."

Unser Mann sprang plötzlich auf. "Dann", sagte er aufgeregt, "erlauben Sie mir eine andere Frage: Wenn wir behaupten, daß alles vorherbestimmt ist, ändert das irgend etwas in bezug auf das wirkliche Problem der Freiheit (mit der einzigen möglichen Ausnahme: dem Problem der Verwirklichung des Fatalismus)? Nehmen Sie einmal an, wir hängen an jede Tat, an jede Aktion, an jede Einstellung die Eigenschaft 'Sie ist determiniert'; würden nicht alle wirklich konkreten Probleme der Freiheit genau die gleichen bleiben? Der Streit zwischen Determinismus und Indeterminismus berührt gar nicht das wirkliche Problem, in Wirklichkeit verdeckt er es sogar. Muß es denn das Wesentliche freien Handelns sein, daß es in keiner Weise determiniert ist? Oder, wenn jedes Handeln determiniert ist, muß das denn heißen, daß es keine freien Menschen gibt?"

"Lassen Sie uns nicht diese praktischen Probleme mit dem philosophischen Sachverhalt vermischen", sagte der Philosoph. Da ging unserem Mann, dessen Herz voll war, vor dem Philosophen der Mund über von seinem Kummer über die Weltlage, von seinem Gespräch mit dem Soziologen und von den Sprüchen in den Büchern, die er gelesen hatte.

Sagte der Philosoph: "Wie Sie, bin ich ein leidenschaftlicher Freund politischer Freiheit. Sicherlich gibt es das außerordentlich wichtige Problem, wie weit der Staat die Freiheit der Individuen beschneiden oder nicht beschneiden sollte. Das sind Fragen, mit denen sich die Soziologen und die Politologen eingehend beschäftigen mögen; aber sehen Sie denn nicht, daß die erhellende Begründung all dessen, was Sie mir da über den Soziologen und die Formulierungen in den Büchern erzählt haben, die moderne Entdeckung des Determinismus ist, eben indem man ihn als grundlegend bei all diesen Fragen begreift?"

Unser Mann begriff es und war verwirrter als zuvor.

Am nächsten Tag sagte er sich: Gelernt habe ich folgendes:

1. Es gibt keine Freiheit, weil alles determiniert, alles die Folge von Ursachen ist. Oder,
2. Freiheit ist die Abwesenheit von äußerer Unterdrükkung, von Zwängen, sie ist die Freiheit, der Erfüllung jedweden Wunsches, der einem in den Sinn kommt, nachzujagen. Oder,
3. da solche Wünsche auf was immer für aufgrund von Zwang internalisierte Normen zurückgeführt werden können, heißt Freiheit, jenen Triebwünschen ohne Hemmungen folgen zu können.

Plötzlich erschien ihm alles, was er in diesem Zusammenhang gehört hatte, äußerst merkwürdig, engstirnig und unangemessen; oberflächlich, übermäßig vereinfacht, falsch gerichtet, blind gegenüber allen wirklichen Problemen der Freiheit, weder der Natur des Menschen noch der Natur der Gesellschaft gerecht werdend, hier wie da den Kern verfehlend. Er sehnte sich weg von all diesen Begriffen und Definitionen, er wollte die wirkliche Situation wieder ins Auge fassen, das Problem mit ungetrübtem Blick auf das Leben noch einmal darlegen.

Zunächst dachte er an das, was der Soziologe ihm erzählt hatte, und fühlte sich bald verloren in den mannigfaltigen Aspekten der Weltgeschichte, in ihren Komplexitäten und ihren Verschiedenheiten.

"Zuerst muß ich mir mal vergegenwärtigen", sagte er leidenschaftlich, "was ich mit meinen eigenen Augen gesehen habe. Habe ich nicht die Erfahrung gemacht, daß es überzeugende und wirklich charakteristische Beispiele für erwachsene Menschen und Kinder gibt, von solchen, die frei waren, und solchen, die unfrei waren? Was war denn das Wesentliche? Meine Erfahrungen dienen natürlich nicht als Grundlage statistischer Verallgemeinerungen; aber daran liegt mir doch jetzt auch gar nichts. Ich will einfach begreifen, erfassen, was ich gesehen habe."

Er rief sich eine Reihe von Beispielen ins Gedächtnis. Dann sagte er: "Manchmal sieht man einen Menschen und man spürt es, an der Art, wie er lebt, an seinen Auffassungen, daran, wie er sich in der Auseinandersetzung mit seiner Lebenssituation verhält, man spürt: Das ist ein freier Mann; er lebt in einer Atmosphäre von Freiheit. Und genauso ist es auch, wenn man Kinder beobachtet.

Auf der anderen Seite: Man begegnet Erwachsenen oder Kindern und spürt deutlich: In ihrem Verhalten ist nichts von Freiheit - kein Hauch von Freiheit ist in ihrer Welt."

Es ist nicht einfach, dachte er, in Worte zu fassen, was diese Extreme so eindrücklich unterscheidet. Ich muß nachdenken - wie sahen diese Beispiele konkret aus?

Der freie Mann, rief er sich in Erinnerung, war offenherzig, aufgeschlossen, geradlinig, ließ sich vorbehaltlos auf die Situation ein, interessiert daran, das Rechte zu tun, und fand auf diese Weise seinen Weg.

Das Gegenteil - er dachte in erster Linie an Kinder, die er oft gesehen hatte -: gehemmt, gestoßen oder gedrängt, auf Kommando oder Drohungen handelnd, eingleisig im Denken, gefesselt an festgelegte Handlungs- und Denkweisen, sogar darin, wie sie Situationen wahrnahmen - die Abläufe ihrer Handlungen, ihrer Bewegungen zeigten oft diese Züge, besonders im Umgehen mit neuen Situationen. Sie sahen oft aus wie traurige Produkte äußerer Einflüsse oder wie Sklaven jedweden Wunsches, der ihnen in den

Sinn kam. Oft wirkten sie wie Roboter, irgendwie beschädigt, wesentlicher Fähigkeiten beraubt, engstirnig, schwerfällig, rigide, mechanisch, mit Bewegungen und Körperhaltungen, die oft wie die von Marionetten wirkten. Und für Erwachsene galt das umso mehr. (Und Sklaventreiber - er hatte solche in der Gegenwart gesehen - waren die frei? Nein, auf sie paßte das auch alles.) Allerdings, viele Versklavte verhielten sich überhaupt nicht offenkundig verängstigt - ganz im Gegenteil, brutal und überstolz. Aber man spürte dieselbe Unfreiheit, manchmal sah man, was geschah, sobald sie einer neuen Situation ausgesetzt waren, in der ihre Panzerung nutzlos wurde ...

Und was für Erfahrungen hatte er bei der Beobachtung von *Verwandlungen* gemacht!

Wenn ein Kind, wenn ein Mann, die in dieser Weise als Sklave gelebt hatten, in ein anderes soziales Feld kamen, wo die wahre Luft der Freiheit wehte, wie wunderbar war das gewesen, was er da hatte beobachten können! Das war wahrhaftig so, als würde jemand nach langer Krankheit gesund.

Mit einem Mal schien ihm das Problem nicht länger ein Problem der philosophischen Schulen zu sein, egal welche Maßstäbe und Bewertungen sie hatten, sondern eher ein Problem der Hygiene - es schien den Biologen zu fordern, der die Bedingungen für Gesundheit studierte. Das ist eine Aufgabe für naturwissenschaftliche Forschung, dachte er. Aber nicht im Sinne all dieser Behauptungen, die er jüngst gehört hatte. Was für Bedingungen, was für Institutionen ergeben freie Menschen? Was für welche unfreie Menschen? Und was ist der Preis für den Wandel?

Jetzt war ihm klar, daß man das nicht mit stückhafter Betrachtung angehen konnte, unter dem Aspekt vorhandener oder nicht vorhandener Wahlmöglichkeiten, Wünsche oder Triebkräfte usw. Es ging vielmehr um die ganzheitliche Stellungnahme eines Menschen zur Welt, zum Anderen, zu seiner Bezugsgruppe, zu seinen augenblicklichen Wünschen. Und plötzlich schienen ihm diese Behauptungen, in denen von Freiheit nur negativ die Rede war, nichts anderes zum Ausdruck zu bringen, als: Wachsen, Reifen *ist* Abwesenheit von Wachstumshindernissen; Schönheit *ist* Abwesenheit von Häßlichkeit; folgerichtiges Denken *ist* Abwesenheit von Fehlern; wirklich gute Leistung ist Abwesenheit von Hemmungen; mit Freundlichkeit oder Freundschaft ist nichts anderes gemeint als Abwesenheit von Feindschaft; Gerechtigkeit ist irgendeine willkürlich festgelegte juristische Regel. "Womit wir es hier zu tun haben", sagte er, "ist kein Problem, bei dem man mit einem so zerstückelnden, negativen Vorgehen weiterkommen kann."

Ein wenig später wurde ihm bewußt, daß er über seine Erfahrungen in bestimmten spezifischen Situationen nachdachte, in denen ganz klar die eine oder die andere Art von Verhalten dagewesen war. Was für Unterschiede, erinnerte er sich, habe ich bei Diskussionen erlebt? In der Art, wie jemand Gegenargumente aufnimmt oder neue Tatsachen! Die einen begegnen ihnen frei, vorbehaltlos, offenherzig, setzen sich ehrlich mit ihnen auseinander und schenken ihnen die Beachtung, die ihnen gebührt. Andere sind gänzlich unfähig dazu: Sie bleiben blind, starr, kleben fest an ihren Vorannahmen, unfähig, sich mit den Argumenten und Fakten auseinanderzusetzen; und wenn sie es tun, ist es der Versuch, ihnen auszuweichen oder sie auf irgendeine Weise auszuschalten - sie sind unfähig, sie direkt anzusehen. Sie können sich mit ihnen nicht wie freie Menschen auseinandersetzen; sie bleiben eingeengt, wie Sklaven in ihrer Position gefangen.

Einen Augenblick lang beargwöhnte er sich selbst mit der Frage: Wie kommst du eigentlich dazu, das Thema Freiheit mit all diesen Merkmalen in Verbindung zu bringen? Mit Eigenschaften wie blind, engstirnig oder, im Gegensatz dazu, mit der Fähigkeit, einer Situation mit offenen Augen und aufrichtig gegenüberzutreten? Ja, entschloß er sich, ich muß das tun; zwischen diesen Merkmalen und dem Sinn und den Tatsachen der Freiheit besteht ein enger unmittelbarer Zusammenhang.

Wie war das eigentlich in der Geschichte, zu den Zeiten, als die Menschen aufrichtig für die Freiheit kämpften? Diese Menschen kämpften gegen die Willkür, gegen eigenmächtige Akte ihrer Regierungen, sie kämpften um faire, ehrliche Behandlung. Das war es, was diese Menschen unter Freiheit verstanden, und das machte sie ihnen teuer. Man stellte sich Freiheit vor und verlangte nach ihr, *nicht*, um das tun zu können, was einem gerade in den Sinn kam, *nicht*, um so einseitig und blind handeln zu können, wie man gerade wollte; man wollte nicht frei sein, um mutwillig mit dem Kameraden brutal umzugehen. Waren es nicht die Prediger und Freunde der Freiheit, waren nicht sie es, die Aufklärung für jeden forderten, die für gerechte Behandlung vor Gericht und gerechte Gesetze kämpften?

Während er an die drei Behauptungen dachte, die er vorhin aufgeschrieben hatte, war ihm, als fielen ihm Schuppen von den Augen. Die wirkliche Frage war: Welche Art von Einstellung, welche Regeln, welche Institutionen ermöglichen Freiheit, welche führen zur Unfreiheit? Das wirkliche Problem liegt nicht darin, wie es nach These (l) zu sein scheint, daß jede Determinierung, alle Ursachen und Einflüsse Faktoren gegen die Freiheit darstellen; das Problem ist: Welche Faktoren sind es? Das ist eine Frage von Ursache und Wirkung, manche schaffen Freiheit im Menschen, manche Unfreiheit.

"Was für ein Unsinn!" sagte er. "Wenn ein Mensch blind ist oder Gegenstände verzerrt sieht und man öffnet ihm die Augen, vermittelt ihm Sachkenntnis, ermöglicht ihm Einsicht, mag man ihn dabei auch sehr beeinflussen, verändern, bestimmen; begrenzt man damit seine Freiheit?

Und haben Menschen nicht eine gesunde Sehnsucht danach, nicht blind zu sein oder verblendet, zumindest nicht auf Dauer? *Gibt* es da nicht, Gott sei Dank, einige Tendenzen dieser Art im Menschen? Und in der Dynamik der Gesellschaft?"

Während er über These (2) und (3) nachdachte, sagte er sich: Da *ist* etwas dran, wenn man Freiheit als Abwesenheit von Beherrschung und Zwang versteht; Spontaneität, Echtheit einzuschränken oder gar zu zerstören, muß teuer bezahlt werden. Dabei bedeutet aber der Begriff Zwang mutwillige und willkürliche Machtausübung. Spontaneität und Echtheit durch Aussagen wie "was immer einem in den Sinn kommt" und "Triebkräfte" zu definieren, wird diesen Begriffen sicherlich nicht gerecht. Was er über Glück gelesen hatte, war keine Beschreibung von Glück, eher eine plumpe Karikatur von Glück.

Die Behauptung, daß "kulturelle Institutionen notwendigerweise Freiheit einschränken und unterdrücken", erschien ihm nun verblüffend oberflächlich. Ist die Einschränkung von Freiheit das Wesentliche von Einrichtungen, die wahrer Erziehung dienen? Oder das Wesentliche an den Wegen, die eine Gesellschaft konstruiert? Gilt dasselbe für die Entwicklung von Gesetzen und Rechtsprechung, wenn man darunter nicht ein willkürlich auferlegtes Gesetz versteht, sondern das Ermöglichen eines gewissen Ausmaßes von Vertrauen auf eine faire und gerechte Behandlung? Ist es nicht die Kleinkrämerei stückhaften Denkens zu behaupten "Macht ist Macht", wenn ein Kidnapper sich eines Kindes bemächtigt und es einsperrt, um Lösegeld zu erpressen, und wenn ein anderer den Gangster festhält, davon abhält, um dem Kind zu helfen? Gibt es da nicht bei der Entstehung von Grausamkeit und Brutalität den Faktor der Blindheit und der geistigen Beschränkung?

Und *sind* da nicht Tendenzen im Menschen, schon bei Kindern, gütig zu sein, sich ehrlich zu verhalten, gerecht gegenüber dem Mitmenschen? Sind das nichts als "internalisierte Regeln auf der Basis von Zwang und Angst?" Er dachte an die Kinder, die er hatte aufwachsen sehen - wie wenig ließ sich diese blinde und pauschale Verallgemeinerung anwenden auf ihre Güte, auf ihr Verlangen, etwas wirklich zu begreifen, auf das Entsetzen in ihren Gesichtern angesichts eines Aktes brutaler Ungerechtigkeit.

"Was gefordert ist", sagte er, "ist ein vorbehaltloses Studium menschlichen Strebens, der Vektoren und ihrer Entwicklung in Kindern, in Erwachsenen und in der Dynamik einer Geselllschaft, aber nicht im Hinblick auf solch voreilige Definitionen oder solche "Triebkräfte", die in blinder Verallgemeinerung angenommen wurden. Das sind Aufgaben für empirische Studien, in der gleichen Weise, wie Probleme der Philosophie zu Problemen der Naturwissenschaft wurden. Alte Thesen, in Abhängigkeit von den philosophischen Schulen, denen man angehörte, sollten nun geprüft werden und in wissenschaftlichen Untersuchungen neu diskutiert werden. Sicherlich werden oberflächliche Statistiken nicht helfen; das sind tiefere Fragen, die die Dynamik des Menschen und der Gesellschaft betreffen. Und wenn diese feinen Tendenzen auch manchmal schwach sind,wenn auch ihr Erwachen und ihr Wachstum oft in Gefahr ist oder sie oft von anderen Kräften überrollt werden, rechtfertigt das Ersatzkonstruktionen auf der Basis ihres genauen Gegenteils oder ihre völlige Verleugnung? Es hat da positive Ansätze in dieser Richtung gegeben. Sie brauchen Unterstützung."

Wunderbare Forschungsaufgaben! dachte er.

Er merkte, daß er wieder über die aktuelle Weltlage nachdachte. Er war sich des aktuellen Geschehens voll bewußt, als er noch einmal die drei Thesen las, die er am Morgen aufgeschrieben hatte. Die ganze Art, an die Sache heranzugehen, schien ihm in grausamer Weise das Wesentliche dadurch zu verfehlen, daß der Schwerpunkt auf "was immer für ein Wunsch einem in den Sinn kommt" und auf diesen "Triebkräften" lag. War das der eigentliche Punkt? (Wahrscheinlich ist es nur blinde Unterdrückung, die solche Kräfte ausbrütet und nährt.)

Er begriff, daß, statt in jenen drei Thesen, nun hierin die fundamentalen Aspekte enthalten waren:

- daß menschliche Wesen der Ungerechtigkeit, Willkür und Brutalität ausgesetzt werden; beraubt jeglicher Hoffnung auf Fairneß und Güte; daß Institutionen zerstört wurden, die sich langsam dahin entwickelt hatten, Gerechtigkeit einigermaßen zu garantieren;
- daß Menschen gezwungen werden, angesichts von Ungerechtigkeit zu schweigen, ohne die Möglichkeit, den Opfern zu helfen; sogar dazu gezwungen, gegen ihren Willen und ihr besseres Wissen diese Akte zu unterstützen; darüber hinaus noch,
- daß Menschen, sogar Kinder, durch absichtlich verzerrte Information eingeengt werden, in der Seele vergiftet, durch Verblendung der Voraussetzung für freie Urteilsfähigkeit beraubt, beraubt dessen, was im Menschen und in der Gesellschaft menschlich ist.

Jetzt erschien ihm viel klarer, warum ihm Freiheit so von Herzen teuer war.

Was er erreicht hatte, das spürte er, war nur ein Anfang. Er sah, daß da noch andere Probleme Beachtung fordern. Probleme der physischen, ökonomischen Bedrückungen von Menschen durch Hunger, durch schrecklichen Mangel an Lebensnotwendigem; Probleme der echten Kooperation (Oh, was er durchdacht hatte, waren keine Angelegenheiten eines stückhaften Individualismus); Probleme wechselseitiger Gerechtigkeit zwischen Gruppen; Probleme des Individuums, gefordert als Mitglied einer Gruppe, und nicht nur gefordert zu kooperativem Verhalten, sondern auch dazu, die eigentlichen Ziele im Auge zu behalten und zu beurteilen; usw. Aber für all diese und andere wichtige Probleme erschien ihm das, was er erreicht hatte, nicht nutzlos. Die Aufgabe, die er sah, bestand darin, auch diese Probleme mit der Haltung des freien Menschen zu betrachten, produktiv und aufrichtig; wirkliche Hilfe würde nur auf diese Weise kommen.

Er war neugierig darauf, was die Zukunft an Fortschritten bringen würde.

Dann nahm er sein Notizbuch und schrieb hinter den drei Thesen folgendes nieder:

Logische Anmerkung. Dies ist, was ich logisch durchgearbeitet habe: In diesen drei Thesen ist die Freiheit nur stückhaft betrachtet und definiert worden, als ein Ding an sich, abgeschnitten von ihrer lebendigen Rolle und Funktion und grundsätzlich nur negativ. Freiheit ist 1. eine Bedingung im sozialen Feld, und zwar eine äußerst wichtige. Bei der Betrachtung einer solchen Bedingung sollten wir sie nicht als eine Sache an und für sich ansehen und entsprechend definieren, sondern *in* ihrer Rolle, *in* ihrer Funktion, *in* ihren Interaktionen, *in* ihren Konsequenzen für Mensch und Gesellschaft. Freiheit ist logischerweise 2. nicht nur eine Bedingung; worauf es ankommt, ist, wie Menschen sind und wie sie sich entwickeln, wie Gesellschaft ist und wie sie sich entwickelt. Freiheit ist eine Gestaltqualität der Einstellung, des Verhaltens, des Denkens und des Handelns eines Menschen. (Man denke nur an den Unterschied zwischen dem Freien und dem Unfreien, deren Beschreibung sicherlich nur eine erste Annäherung an die Betrachtung des Wichtigsten darstellte.) Logischerweise dürfen nun Freiheit als Bedingung (1.) und Freiheit als Gestaltqualität (2.) nicht als zwei Einzelstücke, sondern müssen sie vielmehr in ihren innigen Wechselbeziehungen gesehen werden. Freiheit als Bedingung ist nur ein Faktor, aber ein äußerst wichtiger im Hinblick auf Freiheit als Charakterqualität. Einen Menschen (selbst einen Hund) in Ketten zu legen, hat Konsequenzen. Einige Menschen bleiben sicherlich frei in ihrem Herzen, auch in Ketten, in Erwartung des Augenblicks, da sie die Ketten abwerfen können. Aber es gibt Menschen, die, angekettet, bis ins Herz hinein versklavt werden. Und hier kann man in der Interaktion zwischen Freiheit als Bedingung und Freiheit als Charakterqualität die wirkliche Bedeutung von brutaler Unterdrückung und Zwang verstehen - die Konsequenzen für das Opfer und den Unterdrücker."

Gefordert ist nicht eine vorschnelle und gefällige Definition, sondern wirklich hinzuschauen auf das, was ist.

ÜBER
MAX WERTHEIMER

MAX WERTHEIMER - GESTALTPROPHET *

Michael Wertheimer

Wolfgang Köhler (1944) hat einmal geschrieben, Max Wertheimer sei ein "Seher" gewesen. Er schaute und er sah. Wertheimers Vorstellungskraft hat während der vergangenen drei Viertel unseres Jahrhunderts viele in ihren Bann gezogen und tut dies auch heute noch, obwohl er schon vor mehr als viereinhalb Jahrzehnten gestorben ist.

Wertheimers Gestaltsicht war nicht nur eine Theorie der Wahrnehmung oder des Denkens, oder eine Theorie der Psychologie, oder sogar eine ganze Philosophie; sie war vielmehr eine Weltanschauung, ja, eine allumfassende Religion. Die Wurzel dieser Religion ist der Glaube, daß die Welt ein sinnvolles zusammenhängendes Ganzes ist, daß die Wirklichkeit aus sinnvollen Teilen aufgebaut ist und daß natürliche Einheiten ihre eigene Struktur haben. Auch wenn kein menschlicher Geist in der Lage sein mag, das Ganze der Schöpfung voll zu erfassen, so ist es uns doch möglich, diese Strukturen zu entdecken; und eine verläßliche Beschreibung jedweden Phänomens kann den in-

---

* Aus dem Amerikanischen von Marianne Kerres und Hans-Jürgen Walter.

nersten Regeln und Prinzipien des Phänomens selbst gerecht werden.

Wertheimers Botschaft enthält Kritik an der blinden Anwendung einer willkürlichen, analytischen, "undsummativen", mechanistischen Denkweise in der wissenschaftlichen Arbeit - eigentlich auf jedem Gebiet. Ganzheiten nur als die Endsumme ihrer Teilkomponenten zu betrachten, lehrte er, tut der wahren Natur dieser Ganzheiten Gewalt an; Teile müssen unter dem Aspekt ihrer Stelle, ihrer Rolle, ihrer Funktion im Ganzen gesehen werden, dessen Teile sie sind. Zwar sind einige wenige Ganzheiten in der Natur in gewissem Sinn nur die Summe ihrer Teile (vielleicht ein Haufen Kieselsteine oder eine Handvoll Münzen), doch sind solche Beispiele seltene Fälle eines Extrems an Trägheit. In der großen Mehrzahl der Fälle ist das Ganze nicht gleich der Summe der Teile, auch ist es nicht einfach mehr als die Summe der Teile - das typische Ganze ist so verschieden von der Summe seiner Teile, daß das Denken in derartig summativen Begriffen nur eine verzerrte, verarmte Karikatur echter Wirklichkeit hervorbringt.

Ein beliebtes Beispiel einer Gestalt ist eine Seifenblase. Ihre "Teilkomponenten" sind nicht indifferent zueinander. Eine kleine Veränderung in einem winzigen Teil bewirkt eine dramatische Umstrukturierung in dem gesamten Ganzen.

Die Gestalttheorie wurde selbstverständlich in ebensolchem Maße von Wolfgang Köhler und Kurt Koffka wie von Wertheimer verbreitet. In der Tat publizierte Köhler viel mehr gestalttheoretische Forschungsarbeiten als Wertheimer, und Koffka seinerseits publizierte mehr als Köhler. Und da gab es außerdem viele andere, die für die Entwicklung der gestalttheoretischen Schule wichtig waren: Erich von Hornbostel, Kurt Lewin, Adhémar Gelb; um nur einige zu nennen. Im übrigen war die Unzufriedenheit (im späten 19. und frühen 20. Jahrhundert) mit dem vorherrschenden stückhaften Vorgehen in Wissenschaft und Philosophie in Europa weit verbreitet, und eine Anzahl ähnlicher Schulen entstand: Ganzheitspsychologie, Holistische Psychologie, Komplextheorie, Organismische Psychologie, Schichtentheorie.

Warum dann sich auf Gestalttheorie konzentrieren und auf Max Wertheimer im besonderen? Martin Scheerer bietet in seinem 1931 erschienenen Buch "Die Lehre von der Gestalt" eine Begründung dafür. Scheerer (S. 2-4) schreibt: "*Rein historisch führt dann der Weg zurück zu der 1890 erschienenen Schrift 'Über Gestaltqualitäten' von Christian von Ehrenfels.*" In einer zugehörigen Fußnote ergänzt er: "*vorher aber schon E. Mach (Beiträge zur Analyse der*

Empfindungen Jena 1886), auf den Ehrenfels auch zurückweist". Der fortlaufende Text Scheerers geht dann weiter: "*Vom Standpunkt des Problems aus gesehen aber erweist sich als entscheidend der Schritt, den Max Wertheimer mit seiner Habilitationsschrift 'Experimentelle Studien über das Sehen von Bewegung' 1912 vollzog.*

Hier wurde mit einer gewissen Radikalität die bisherige Analyse des Wahrnehmungsinhaltes sozusagen auf den Kopf gestellt, und zum ersten Mal eindeutig der phänomenale und funktionale Primat des Ganzen vor allen Empfindungselementen - also nicht mehr lediglich sein 'Hinzutreten' zu solchen Bestandstücken - behauptet. Wie sehr auch andere Forscher, z. B. Cornelius oder W. Stern, sich dieser Lösung genähert, wie stark sie auch zu dieser Lösung beigetragen hatten, so ist doch die Leistung Wertheimers entscheidend und bestimmend dafür gewesen, daß nunmehr der Terminus 'Gestalt' eine spezifisch neue und vertiefte Bedeutung im Gebrauch der psychologischen Forschung erhielt. Die Bedeutung lag in der demonstrativen Abgrenzung des Phänomens gegen alles erst Zusammengesetzte, seien es 'Komplexe' oder 'Gestaltqualitäten', sie lag in der Behauptung vom genetischen und logischen Primat des Ganzen gegenüber den Elementen, und eben dies ist von revolutionierender Wirkung für die Wahrnehmungspsychologie gewesen."

Nach Scheerers Ansicht "*bildete die um Wertheimer stehende Gruppe der Psychologen, Köhler, Koffka u. a. die*

Gestalthypothese Wertheimers zu einer originalen und konsequenzreichen Theorie aus. Hier wurde der Gestaltbegriff zentral und beherrschend in dem Sinne, daß weit über den Bezirk der bloßen Wahrnehmung hinaus eine gestalttheoretische Methodik entstand, die Anspruch darauf zu erheben beginnt, für die gesamte Psychologie Geltung zu haben."

Scheerer beklagt, daß Wertheimer so wenig veröffentlicht hat: *"besteht ja selbst für Koffka, Köhler u. a. bisweilen die Situation, daß sie sich auf Diskussionsbemerkungen und mündliche Mitteilungen Wertheimers, des Anregers und Schöpfers des Gestalttheorems, berufen müssen."*

Es ist vielleicht bedauerlich, daß Scheerer, wie so viele andere, in seiner Darstellung zwei Fehler macht: indem er den 1912 erschienenen Aufsatz offensichtlich für das eigentliche und ursprüngliche Werk der Gestalttheorie hält und indem er behauptet, daß der gestalttheoretische Ansatz auf dem Gebiet der Wahrnehmung seinen Ursprung hatte. Ein Aufsatz, der wenige Monate zuvor publiziert wurde und von der Denkweise sogenannter Naturvölker handelte, und, vor diesem sogar noch, eine Arbeit über primitive Musik enthalten die erste Anwendung der gestalttheoretischen Methode - der 1912 erschienene Aufsatz über das Phi-Phänomen enthält tatsächlich herzlich wenig Gestalttheorie. Aber davon später mehr.

Ein Überblick über das Leben Max Wertheimers

Wir wollen uns kurz einem Überblick über das Leben Max Wertheimers zuwenden und uns dabei auf die Entwicklung seines Gedankengebäudes konzentrieren. Graham Wallas' gefeierte Analyse von 1926 über den Vorgang kreativen Denkens liefert für die vier wichtigsten Phasen in Wertheimers Leben treffende Überschriften : "preparation", "incubation", "illumination" und "verification". Man beginnt, indem man sich vorbereitet, indem man sich in einen Problembereich und in dafür bedeutsames Material versenkt ("preparation"). Typischerweise folgt darauf eine Periode, in der sich das Problem als hartnäckig erweist, und man entfernt sich wieder und widmet sich anderen Problemen - aber irgendwie setzt man sich in seinen Gedanken doch weiter mit dem Problem auseinander, brütet es aus ("incubation"). Dann taucht eine Lösung auf - oder zumindest eine scheinbare Lösung -: der Augenblick des Hellwerdens, der Klärung ("illumination"). Die nächste Phase besteht in einem sorgfältigen Prüfen der Lösung, um sicher zu sein, daß sie tatsächlich gilt, in der Verifikation. Wallas macht darauf aufmerksam, daß die Phasen sich miteinander vermischen und sich überschneiden. Dieser Aspekt der Analyse paßt auch recht gut. Die einzige winzige Änderung, die vielleicht angebracht wäre, besteht darin, den Begriff "verification" auf etwas wie "Erweiterung und Differenzierung", "Verbreitung" oder sogar "Besessenheit" auszudehnen.

Die Jahre von 1880 bis 1904, von Wertheimers Geburt bis zum Ende seiner formalen Ausbildung, können als seine Zeit der Vorbereitung betrachtet werden. In den nächsten fünf oder sechs Jahren, von 1905 bis 1910, während ihm das Problem anscheinend noch nicht ganz klar war, war er geographisch und intellektuell auf Wanderschaft; dabei fand er noch keine befriedigende Lösung; das war eine Art der Inkubation. Die Zeit des Hellwerdens begann um 1909 oder 1910 und die wichtigsten Lehrsätze der Gestalttheorie schienen im Jahre 1913 oder sogar schon früher voll entwickelt gewesen zu sein. In den letzten 30 Jahren seines Lebens, von 1913 bis 1943, war Wertheimer vollkommen von seinen Einsichten in Anspruch genommen; er entfaltete den Begriff, belegte, erweiterte, differenzierte, erläuterte, verbreitete ihn und erforschte die Konsequenzen der Theorie in Hunderten von konkreten Fällen, indem er traditionelle disziplinäre Grenzen überschritt. Seine Streifzüge führten in die Ethik, die Ästhetik, die Staatswissenschaft, die Epistemologie, die Musikwissenschaft, die Psycholinguistik und andere Gebiete.

Vorfahren

Fangen wir an mit einem Blick auf Max Wertheimers Stammbaum. Sein Großvater väterlicherseits, Alexander, starb im gleichen Jahr, in dem Max geboren wurde. Das Prager Tagblatt vom 13.7.1880 veröffentlichte einen Nachruf auf ihn; er war 1792 in Kamenitz, einer kleinen Stadt südöstlich von Prag, geboren worden:

"*In Kamenitz a. Linde starb am 9. d. der Rektor des Bezirkes, Herr Alexander Wertheimer, ein Greis, dessen Leben gewiss zu den interessanten gehört. 1793 geboren [nach den offiziellen Unterlagen war es tatsächlich 1792], hatte er die Befreiungskriege mitgemacht und war circa zwanzig Jahre Grenadier gewesen. Seine zwei ersten Frauen starben, ohne Kinder geboren zu haben. Nahe an sechzig Jahre alt, heirathete er zum drittenmale ein junges Mädchen [Franziska Pollak] und da erst erhielt er einen Sohn (der Buchhaltungsprofessor der Prager Handelsfachschule), und zwei Töchter. Ein zweiter Sohn erschoss sich vor einigen Jahren in Prag wegen verrathener Liebe. Bis ihn kurz vor seinem Tode Entkräftung aufs Lager warf, marschierte Herr Wertheimer in strammer Haltung, im Militärschritt und ungebeugt, konnte selbst den kleinsten Druck ohne Brille lesen und erfreute sich eines vollständigen, gesunden Gebisses. Vor circa 3 Decennien kam er durch das Vorgehen eines Associes um all sein Vermögen und doch gelang es dem alten charakterfesten*

Mann sich wieder zu Ansehen und in geordnete Verhältnisse emporzuschwingen. Sein Lebenswandel war ein ehrenvoller, sanft und ruhig sein Scheiden."

Alexanders erstgeborener Sohn, "der Professor für Buchhaltung an der Prager Handelsschule", war Wilhelm, der Vater von Max. Im Jahr 1853 ebenfalls in Kamenitz geboren, hatte Wilhelm nur ein öffentliches Gymnasium besucht, wurde aber dessenungeachtet ein berühmter Erzieher (Reimann, 1930). Er entwickelte eine überaus erfolgreiche Art eines personzentrierten Lehrstils, einen tutoriellen Ansatz beim Lehren von Geschäftspraktiken, Maschinenschreiben, Buchhalten, Stenographieren und Ähnlichem. Im Jahr 1875, kurz nachdem diese Bewegung über den Ärmelkanal von Großbritannien zum europäischen Festland übergegriffen hatte, wurde er ein Mitglied des International Order Of Odd Fellows und blieb dort sehr aktiv für den Rest seines Lebens. Er trug zur Gründung von IOOF-Logen innerhalb der Tschechoslowakei bei. Er war offensichtlich sehr geschäftstüchtig: Seine Abhandlung über Buchhaltung und Geschäftskorrespondenz hatte 18 Auflagen und wurde in viele Sprachen übersetzt. Er entwarf das Lagerhausgesetz, das in Österreich-Ungarn in den frühen 1890er Jahren in Kraft trat - und er gründete seine eigene, äußerst erfolgreiche Handelsschule, die viele Jahre in Prag florierte.

Maxens Großvater mütterlicherseits, Jakob Zwicker, war Krankenpfleger in Prag; er heiratete Helene Federer und hatte mehrere Kinder, eines davon war Rosa Zwicker, Maxens Mutter, geb. 1855. Jakob wurde von Max verehrt. Er brachte ihm Spinoza nahe, als Max erst zehn Jahre alt war; Max verehrte Spinoza bis zum Ende seines Lebens.

Rosa Zwicker war sehr bewandert in deutscher Literatur und Musik; ersteres war damals in diesen Kreisen ziemlich selten. Eine begabte Amateurviolinistin, hatte sie auch ein beständiges und tiefes Interesse daran, sich weiterzubilden.

Wilhelm und Rosa wurden im Dezember 1877 getraut. Sie lebten im alten jüdischen Teil von Prag. Anscheinend war Rosa frömmer als Wilhelm, aber sie führten wahrscheinlich kein koscheres Haus. Die Ehe war intakt und glücklich, und Wilhelm war verzweifelt, als Rosa 1919 starb - er zog sich sogar von den Aufgaben an seiner Schule zurück und lebte in teilweiser Abgeschiedenheit. Aber die Wertheimer-Handelsschule florierte dessenungeachtet weiter; sie hatte Wilhelm sogar schon zu einem vermögenden Mann gemacht. Wilhelms Vermögen reichte für die verbleibenden 11 Jahre seines Lebens, und er starb im Glauben, daß zukünftig sein Sohn und dessen Kinder in der Lage wären, von den Zinsen seines Besitzes zu leben, was sie weitgehend auch konnten, bis die Nazis die CSSR besetzten.

Wie es in fast allen "gebildeten" Prager Haushalten in der zweiten Hälfte des 19. und während der ersten Hälfte des 20. Jahrhunderts der Fall war, wurde daheim deutsch gesprochen. Tschechisch sprach man nur beim Einkaufen, mit dem Personal oder auf der Straße. Max hatte bis zu einem gewissen Grad auch Kenntnisse der hebräischen Sprache, aber er benützte sie nur zu religiösen Zwecken.

Wilhelms und Rosas erster Sohn Walter wurde 1878 geboren. Er war ein kränkliches Kind und wäre fast im selben Monat, in dem ihr zweiter Sohn Max geboren wurde, an einem Lungenödem gestorben. Wie sein Bruder wurde dieser in einer Wohnung im zweiten Stock in der Rabinergasse 16 geboren, in einem Gebäude, das nicht mehr steht, von dem es aber im Museum der Stadt Prag noch ein Modell gibt (im Langweilsmodell). Die Geburt des zweiten Kindes am 15. April 1880 war so schwer, daß Wilhelm schwor, er würde seiner Frau nie mehr eine neuerliche Schwangerschaft zumuten. Und dann starb Wilhelms Vater Alexander im Juli. Das Jahr 1880 war ein ereignisreiches, schwieriges Jahr für Wilhelm Wertheimer.

Vorbereitungszeit

Max wurde auf ein katholisches Gymnasium geschickt, eine Maßnahme, welche zur damaligen Zeit unter Stadtjuden nicht ungewöhnlich war. Man wollte seine Kinder in die beste verfügbare örtliche Schule schicken, ohne Rücksicht auf die religiöse Ausrichtung (Albert Einstein ging z.B. auch in eine katholische Grundschule - Clark, 1971, S. 26). Aber die jüdische religiöse Erziehung wurde nicht vernachlässigt; Walter und Max gingen jede Woche zu einem Privatlehrer, der sie im jüdischen Glauben unterrichtete.

Maxens Zeugnisse belegen, daß er ein sehr guter Schüler war. Im Gymnasium in Prag wurde ihm eine humanistische Erziehung zuteil, zu der auch Latein, Griechisch, Mathematik und Geographie gehörten. Er war sehr gut in Mathematik, eigentlich in jedem Fach außer Turnen und böhmischer Sprache, worin seine Noten häufig nur "befriedigend" waren. Die Reifeprüfung legte er 1898 ab.

Der Antisemitismus wütete natürlich in Prag wie überall in Zentraleuropa zu dieser Zeit, und Max stand zweifellos seiner jüdischen Identität etwas ambivalent gegenüber.

In den Jahren 1892 bis 1898 führte Walter ein persönliches Tagebuch. Eintragungen aus der Zeit zwischen 1894 und

1895 zeigen, daß Max und Walter sich zu dieser Zeit ein Zimmer teilten. Walter berichtet von einigen gemeinsamen Theaterbesuchen mit Max und bemerkt, daß Max und seine Mutter wunderschön zusammen musizierten, sie auf der Violine, er am Flügel.

Walter besuchte im Frühling 1895 einen Stenographiekurs für Fortgeschrittene, wodurch die folgende Erzählung über den 15. Juni 1895 möglich wurde. Sie vermittelt einen typischen Eindruck vom 15jährigen Max mit seinem Widerwillen gegen das Auswendiglernen und seiner leidenschaftlichen Wahrheitsliebe. Die Diskussion dreht sich dabei um die Sedrah, den Teil der Bibel, der in einer bestimmten Woche gelesen werden muß, um sicher zu gehen, daß jedes Jahr die ganze Bibel gelesen wird:

"Heute war bei Tisch wie gewöhnlich wieder ein furchtbarer Crawall, der in so drastischer Weise zum Ausdruck kam, daß ich das Gespräch jetzt, sofort danach, gemäß einigen stenographischen Notizen wiedergebe:
Papa = P. Mama = M. Max = Mx. Walter = W. Onkel = O.
(Im Gespräch)
P: Kinder was geht diese Woche für eine Sedrah. W: (schweigt) Mx: Ich weiß nicht. M: Ihr lernt es ja beim Herrn Wiesner. Mx: Ja. No ... M: No, da könnt ihrs doch wissen! Ihr lernt sie ja morgen. Mx: Wir haben sie schon vorigen Sonntag gelernt. Aber wozu soll ich mir's merken, welche

Sedrah es ist. M: Weißt du also den Sinn? Mx: Nein, wozu! Das ist zur Religion gar nicht nöthig, zu wissen, was für eine Sedrah geht. P: Weißt du, Max, was man bei uns gemacht hat, wie wir Kinder waren. Wenn man uns gefragt hat, welche Sedrah geht, u. wir wußten es nicht, hatten wir schon paar Ohrfeigen. War's nicht so, Jacob? O: Sogar aufsagen mußten wirs können. Und wenn wirs nicht getroffen haben ... Gott. Mx: Das ist gar nicht nothwendig zur Religion oder zur Bibelkenntnis zu wissen, was für eine Sedrah heute geht. Das zu verlangen wäre ein Unsinn. M: (will aufgeregt erwidern) O: (überschreit sie) Und was .... P: (fängt an zu schreien, um ihn zu übertönen) Disputierts nicht. Einen Menschen der fest auf seinem Standpunkt steht, der sich nicht überzeugen lassen will, kann man nicht überzeugen. M: (will schreien) P: (steht auf, verliert sich in sein Zimmer). M: Das ist schon das Höchste, so zu sprechen, wie darfst du, das was einem Menschen, der älter ist als du, antasten! Die Thorakenntnis ist ein Unsinn, was, das sagst du, ... du ...... Mx: Mama, du mußt entschuldigen wenn ich dich Lügen strafe, aber mit Lügen darf man mir nicht kommen. Ich habe nicht gesagt, daß die Thorakenntnis ein Unsinn ist, sondern diese Anwendung derselben, dieses Wissenmüssen, welche Sedrah gerade geht. M: Was, du erkühnst dich, mir zu sagen, deiner Mutter zu sagen, ins Gesicht, daß sie lügt! P: (steckt den Kopf zur Thür herein) Rosa, ich ersuche dich, nicht zu disputieren. (ab.) M: Das war schlecht von Dir! ...... Mx: (aufgeregt, schweigt) O: (will ein spöttisches Gesicht machen, aber

schaut so dumm drein, daß ich trotz dem Ernst der Sache lache.) Alle: (drehen sich nach mir erstaunt um) Mx: (ab.) Vorhang fällt.
So gehts bei uns zu.-"

Die Eintragung für den nächsten Tag, den 16. Juni 1895, beginnt: "*Es ist natürlich wieder alles versöhnt. Es ist Sonntag Nachmittag. Papa ist in der Schule. Mama und Max spielen wieder [musizieren].*" Zwei Monate später, am 17. August, schreibt Walter prophetisch:

"*Das Alltagsleben raubt jeden Glorienschein, die tägliche Berührung mit bedeutenden Männern läßt dieselben in den Augen des Betreffenden unbedeutender erscheinen. Und trotz dem allen würde ich doch mit Bestimmtheit behaupten, daß Max einmal etwas Bedeutendes, etwas Berühmtes wird.*
Worin, in welchem Fach wüßte ich nun aber am allerwenigsten zu bestimmen, denn in allem und jedem scheint er mir groß."

Der Eintrag enthält Bewunderung für seine klare Art und Weise des Denkens und Redens über philosophische Themen. Walter fährt fort:

"*Am meisten aber entzückt mich sein Klavierspiel. Er hat nie Piano gelernt, die Noten kennt er nur durch sein Violinspiel. Allein er hat eine Fingerfertigkeit die zum Staunen ist.*

Dabei hat er in seinen Fantasien so etwas Dämonisches, eine wunderbare Kraft, die alle anderen Gedanken verstummen läßt, man folgt nur den Melodien, die bald wild und mächtig, bald zart und leise wie aus weiter weiter Ferne wunderbar mild herüberrauschen.
Wenn ich ihn spielen höre, kann ich mich nicht mehr trennen, bis er aufhört. ..."

Eine Eintragung vom 24. Mai 1896 gibt einen weiteren Einblick in die familiären Beziehungen. Wohlgemerkt, Walter war der ältere, Max war der jüngere Bruder: "*Man muß immer practisch sein auf dieser rauhen Welt. Ich habe meine gestrige Stimmung benützt und ein Feuilleton geschrieben. Mama weinte, als ich es vorlas, Papa gab mir einen Kuß, ohne etwas zu sagen, und Max nannte mich College.*"

Walter wurde dazu erzogen, die Handelsfachschule zu übernehmen. In der Tat schrieb und veröffentlichte er für die Schule einige Handbücher über Kurzschrift und Geschäftskorrespondenz. Er heiratete 1905, aber er starb im folgenden Jahr, wahrscheinlich an Lungenentzündung, kurz bevor seine Tochter Waltera geboren wurde.

Im zarten Alter schrieb Max Gedichte, wie es damals viele Kinder taten; von 1891 bis 1894 führte er zu diesem Zweck ein Buch, das ihm von seinem Vater gegeben worden war.

Die Gedichte sind ziemlich romantisch und klassisch, Versmaß und Reim sind exzellent, und niedergeschrieben sind sie in einer Handschrift, die einen bemerkenswert erwachsenen Eindruck macht. Wahrscheinlich ist der hervorragende Umgang mit der Feder bei dem Sohn eines Handelsfachschullehrers leicht zu verstehen.

Von 1898 bis 1901 besuchte Max fünf Semester lang Kurse an der Juristischen Fakultät der Karlsuniversität zu Prag. Aber seine Interessen gingen darüber hinaus: Er belegte auch Kurse in Psychologie, Musik, Philosophie, Physiologie und Kunstgeschichte. Unter seinen Lehrern waren die Physiologen Johannes Gad, Arnold Pick und Sigmund Exner, die Philosophen Emil Arleth, Anton Marty und Julius Schulz, der Erzieher Otto Pillipp Gustav Willmann, der Kriminologe Hans Gross und der Musikwissenschaftler Heinrich Rietsch. Wahrscheinlich aber war einer seiner bedeutendsten Lehrer der Philosoph-Psychologe Christian von Ehrenfels, bei dem der junge Max mehrere Kurse belegte.

An der Juristischen Fakultät entwickelte er eine Freundschaft zu Julius Klein, einem Studienkollegen, der auch der Co-Autor von Maxens erster Veröffentlichung war. Diese Freundschaft sollte ein Leben lang halten. Obwohl Max bis zu seinem Tod ein tiefes Interesse für Recht und für die Idee der Gerechtigkeit beibehielt, machte sein ethisches Bewußtsein für ihn die Wahrnehmung unverdaulich, daß der Anwalt seinem Klienten mehr verpflichtet ist als der Wahrheit und der Gerechtigkeit. Wahrscheinlich entschied er sich deshalb gegen den Erwerb des Rechtsdiploms; vielleicht aber war der Aufforderungscharakter anderer Felder auch zu stark, um von ihm ignoriert werden zu können. Jedenfalls wechselte Max an der Prager Universität 1901 zur Philosophie und 1902 verließ er Prag, um Philosphie und Psychologie in Berlin zu studieren, an der Universität, die damals in der deutschsprachigen Welt das höchste Ansehen genoß. Dort arbeitete er mit Stumpf und Schumann; er ließ sich von der Psychologie faszinieren und las sich von Anfang an Band für Band durch die gesamte Zeitschrift für Psychologie. In Berlin wurde er Mitglied des Kreises um den Industriellen Georg Stern, Sterns Frau Lisbeth und Lisbeths Schwester, die Künstlerin Käthe Kollwitz. Er zog sogar in den Sternschen Haushalt und lebte dort in den nächsten 20 Jahren hin und wieder. Über die Sterns lernte Max auch Erich von Hornbostel kennen, der 3 Jahre älter war als er und schon tief in die ethnomusikalische Arbeit an den Berliner Phonographischen Archiven eingedrungen. Auch zu ihm entwickelte Max eine lebenslange Freundschaft.

In Berlin, an der Universität, im Sternschen Haushalt, ja in dieser Stadt zu dieser Zeit blühte Wertheimer wirklich auf. Seine dortigen Studententage und seine späteren

Jahre in Berlin müssen für ihn eine Zeit gewesen sein, in der er sich ganz in seinem Element gefühlt hat. Da gab es intellektuelle und künstlerische Anregung für ihn und war er ein anerkanntes Mitglied eines großen Haushaltes, der von Herzlichkeit und festem Zusammenhalt geprägt war (die vier Sterntöchter betrachteten ihn praktisch als ein Mitglied der Familie). Die Tage wurden diskutierend, lesend, forschend und zuhörend verbracht, versunken in die Auseinandersetzung mit philosophischen, politischen und psychologischen Themen. Zweifellos teilte er die weitverbreitete aktuelle Zwiespältigkeit gegenüber analytischer, reduktionistischer Methodologie, die zwar einerseits beeindruckende Durchbrüche in den Naturwissenschaften und der Technologie lieferte, andererseits aber für ein Verstehen der reicheren Lebenserfahrungen , wie z.B. in der Kunst und in der Musik, ungeeignet war. In der Tat war das Symphonieorchester eine in den ersten zehn Jahren dieses Jahrhunderts häufig diskutierte Idee: Offensichtlich ist eine Symphonie etwas mehr als nur die Summe der Töne, die von den einzelnen Spielern erzeugt werden; vielmehr zeichnet sich ein guter Dirigent dadurch aus, daß er die einzelnen Instrumente zu einer Ganzheit vereint, welche die von den einzelnen Spielern erzeugten Töne transzendiert. Die Abende wurden im Theater verbracht, im Konzert, in einem Vortrag oder, am häufigsten, im Sternschen Haus, wo fast jeden Abend Kammermusik gespielt wurde, wo es phantasievolle Gesellschaftsspiele gab und wo lange Diskussionen über Theater, Kunst, Musik, Erziehung, Politik und Philosopie stattfanden.

Warum Wertheimer sein Studium in Berlin nicht abgeschlossen hat, ist nicht ganz klar. Aus welchem Grund auch immer, er ging im Sommer 1904 nach Würzburg, wo er hauptsächlich mit Külpe (und auch mit Marbe) arbeitete und Ende desselben Jahres mit *summa cum laude* promovierte. In seiner Dissertation (1905) hatte er sich eines höchst geeigneten Themas angenommen, nämlich der "Tatbestandsdiagnostik", der Frage nach der Determinierung jemandes, der über einen bestimmten Tatbestand oder Ereigniszusammenhang spezielle Kenntnis besitzt. Geeignet war dieses Thema insofern, als es mit dem generellen Forschungsinteresse der Würzburger Schule jener Zeit übereinstimmte (Boring, 1950, 401-408), mit seiner Konzentration auf Experimente zur Entschlüsselung der Natur wirklicher Denkprozesse und der Gerichtetheit des Denkens, ohne daß es festgefahren war in der Jagd nach den schwerlich zu fassenden "Elementen des Denkens". Die Arbeit, die schon einige Jahre zuvor mit seinem Studienkollegen Julius Klein in Prag begonnen hatte, stand gleichermaßen in enger Beziehung zu Wertheimers tiefem Interesse am Recht, da es in ihr um Wortassoziationstechniken ging, die zur Feststellung jemandes verwendet werden konnten, der in einer Gruppe von tatverdächtigen Kriminellen der Schuldige ist. Die Methode ähnelt in einigen Elementen sogar einem Gesellschaftsspiel von der Art, die im Sternschen Haus so viele schöne Abende für Wertheimer mit sich gebracht hatte.

Es gibt in der 1904 fertiggestellten Dissertation keinen Hinweis auf eine Gestalttheorie. Aber das mitwirkende ganzheitliche Interesse läßt sich in einer der Variationen des grundlegenden experimentellen Versuchsplans in dieser Arbeit entdecken. Die meisten Versuchspersonen studierten eine zusammenhängende Geschichte (zusammen mit der Zeichnung eines Stockwerkgrundrisses, die zeigte, wo die entscheidenden Ereignisse stattgefunden haben sollten) und wurden dann nach ihren Assoziationen zu entscheidenden Elementen in der Geschichte gefragt. In der Abänderung legte Wertheimer beziehungslose Wortserien oder Wortpaare statt der einheitlichen Geschichte vor; sein Ergebnis, nämlich daß die Assoziationen der Versuchspersonen aufdeckten, welchem Material sie zuvor ausgesetzt worden waren, blieb unverändert. Das bedeutet, daß die Integration des Materials, auf das sich später ein Wortassoziationstest bezieht, keine *conditio sine qua non* für den Erfolg dieser Technik ist.

So viel zu Wertheimers Vorbereitungszeit. Er war voll auf der Höhe der philosophischen und psychologischen Tagesthemen und stand auf dem Fundament einer klassischen Bildung; er war ein gewandter Amateurmusiker, war das Produkt eines städtischen jüdischen Zuhauses von großem Zusammenhalt und hatte eine ausgezeichnete höhere Erziehung genossen, wie sie typisch für die Elite seiner Zeit war. Er stimmte mit der allgemein herrschenden Unzufriedenheit über den intellektuellen Status quo überein, brannte darauf zu erfahren, was um die Ecke herum geschah, und daran teilzuhaben. Es fehlte etwas Wesentliches in der zeitgenössischen Philosophie und Psychologie. Der Zeitgeist war ein zugleich naturwissenschaftlicher und anti-naturwissenschaftlicher, eine Verehrung von Sachlichkeit oder strenger Objektivität, ein wachsender Zweifel an der Legitimität der Elitisierung der Intellektuellen zusammen mit dem Wunsch, selbst einer unter diesen bevorzugten Wenigen zu sein; Klassizismus - gemildert jedoch durch künstlerische Romantik - war ein Teil der Szene, und Bildung wurde hochgeschätzt - der Ungebildete wurde wirklich als jemand wahrgenommen, der einer niedrigeren Schicht angehört.

Inkubationszeit

In den nächsten fünf oder sechs Jahren war Wertheimer im Stadium der Inkubation. Er beschäftigte sich mit weiteren Arbeiten, die sich auf seine Dissertation bezogen, und veröffentlichte sie (Wertheimer, 1906a, Lipmann und Wertheimer, 1907), so auch eine kurze Auseinandersetzung mit Carl Gustav Jung darüber, wer von ihnen beiden zuerst die Wortassoziationsmethode verwendet hätte (Wertheimer, 1906b); ein Brief aus dem Jahre 1906 von Jung an Wertheimer (aufbewahrt in der Sammlung Wertheimer der Public Library, New York) bestätigte schließlich Wertheimers Priorität. Zweifellos wandte er viel Zeit auf, um über das Prinzip der Ganzheitlichkeit nachzudenken. Er versenkte sich ins Musizieren und studierte den Bestand des Berliner ethnomusikalischen Phonogrammarchivs. Er gedieh im Schoße der Familie Stern, besuchte aber auch öfter sein Prager Zuhause.

Voll unterstützt von seinem Vater, reiste Max ausgiebig und arbeitete bisweilen an verschiedenen Instituten und Kliniken. Viel Zeit und Energie war sorgfältigen Experimenten mit Personen gewidmet, die an Alexie litten; mit Sicherheit beabsichtigte er, diese Arbeit als Grundlage seiner Habilitation zu verwenden; aber daraus wurde nichts. Obwohl ein Bericht über diese Studien einem psychologischen Kongreß des Jahres 1912 mit dem Versprechen vorgestellt wurde, daß eine veröffentlichungsreife Fassung unter Mitwirkung von Otto Pötzl bald in der Zeitschrift für Psychologie erscheinen würde, erschien dieser Aufsatz nie im Druck.

Wie damals die meisten (und heute auch viele) frischgebackenen Doctores war Max zunächst arbeitslos. Denn ein

Doktortitel berechtigte einen ja noch nicht zum selbständigen Lehren; dieses Recht wurde einem erst durch eine zweite größere wissenschaftliche Arbeit zuteil, die Habilitationsschrift; war man einmal an einer bestimmten Universität oder Akademie habilitiert, bekam man die Erlaubnis, dort Vorlesungen zu halten. Aber die Habilitation zum "Privatdozenten" sicherte einem kein angemessenes Einkommen; man konnte nur einen Teil der Studiengebühren der Studenten für sich beanspruchen, die sich gerade für ein Semester eingeschrieben hatten. Die nächste Stufe nach dem Dozenten war der "außerordentliche Professor". Diese Stelle ermöglichte wenigstens ein bescheidenes Gehalt. Nur sehr wenige wurden (wie heute auch) je "ordentliche Professoren" und damit Inhaber eines Lehrstuhls auf Lebenszeit mit einem beträchtlichen Gehalt und zusätzlichen finanziellen und gesellschaftlichen Privilegien.

Nach Entwürfen für seinen Lebenslauf von 1918 und später beschäftigte sich Herr Dr. Wertheimer in den Jahren nach 1904 mit philosophischen und psychologischen Studien, hauptsächlich am Berliner Psychologischen Institut. Er arbeitete gelegentlich auch an den Psychologischen Instituten in Würzburg (mit Külpe) und in Frankfurt (mit Schumann, der von Berlin dahin gezogen war), an den Physiologischen Instituten in Prag (mit Gad) und in Wien (mit Exner, von dem er etwas über Methoden und Apparate zum Studium der Wahrnehmung von Scheinbewegung lernte) und an den Psychiatrischen Kliniken in Prag (mit Pick), in Frankfurt (mit Edinger) und in Wien (mit Wagner von Jauregg, an dessen Klinik er wahrscheinlich einen Großteil seiner Alexie-Arbeit geleistet hat).

Klärung

Ohne jegliche Bezugnahme auf eine Gestalttheorie kommen in einem musikwissenschaftlichen Aufsatz, der 1910 in den Sammelbänden der "Internationalen Musikgesellschaft" veröffentlicht worden ist, Analysen ähnlicher Art vor, wie sie später selbstbewußt als gestalttheoretische verstanden wurden. Er enthält viele Beispiele aus der Musik der Wedda (einem Naturvolk in Ceylon), die 1907 von Frau M. Selenka gesammelt worden waren und dem Phonogrammarchiv des Psychologischen Instituts an der Berliner Universität einverleibt wurden. Diese Proben werden dem primitivsten zugerechnet, was bisher von musikalischen Äußerungen bekanntgeworden ist (S. 300). Zum Beispiel macht ein Lied von nicht mehr als zwei oder höchstens drei Tönen Gebrauch, und die Länge der Töne variiert nur minimal. Nichtsdestoweniger war Wertheimer eindeutig ein Bewunderer der Musik der Wedda. Die Töne sind präzise und rein. Die Musik hat ihre eigenen klaren Regeln, etwa die Wiederholung und danach die Variation eines kurzen Motivs. Innerhalb der strengen

Grenzen dieses Mediums gibt es spezifische Formen mit spezifischen strukturellen Regeln; selbst wenn diese einfach sind, sind die Musikbeispiele deutlich nicht einfach das Produkt einer sterilen Formel. Die Musik hat einen strengen rhythmischen und melodischen Charakter.

"So ist das Bild dieser Musik ein prinzipiell anderes, als man von primitiver Musik anzunehmen bisher geneigt war: nicht unklare, schwankende Tongebung, sondern präzise, klar geschiedene Töne; nicht ungeregelte Tonbewegungen, sondern rhythmisch-melodisch strenge Gebilde" (S. 306).

Dann gibt es den Aufsatz über das Denken der Naturvölker, der 1912 im Band 60 der Zeitschrift für Psychologie veröffentlicht wurde, nachdem er im Oktober 1911 zur Veröffentlichung angenommen worden war. (Der berühmte Aufsatz über das Phi-Phänomen wurde später, im Band 61, veröffentlicht, nachdem er am 29. Januar 1912 angenommen worden war.) Der Artikel über das Denken hat den Untertitel "I. Zahlen und Zahlgebilde", was vermuten läßt, daß Wertheimer die Absicht hatte, weitere Beiträge zu einer Serie über das Denken von Naturvölkern zu veröffentlichen. Aber es erschienen keine weiteren Aufsätze einer solchen Serie. Der Artikel enthält eine große Vielfalt genialer Beispiele dafür, wie verschiedene Stämme mit Mengen umgehen. Wertheimer ist voll Bewunderung und von vielen der Umgehensweisen, die er wiedergibt, fasziniert. Sie sind für ihn äußerst passend in ihrem Kontext, indem jede dem kulturellen, kognitiven und gesellschaftlichen Zweck dient, für den sie gebraucht wird. Sie sind vernünftig, oft kreativ und höchst funktional. Die Beispiele sind vielfältig und weitreichend, sie enthalten spezielle numerische Strukturen, die mit kindlichem Denken in Verbindung gebracht werden und mit europäischer Handwerkskunst wie dem Backen ("das Bäckerdutzend"). Sie enthalten sehr einfache Sachverhalte wie zum Beispiel, daß ein Pferd plus ein Pferd zwei Pferde sind und ein Mensch plus ein Mensch zwei Menschen, aber ein Mensch plus ein Pferd ein Reiter sein kann; und auch ziemlich komplizierte Sachverhalte wie die Überlegung eines Baumeisters, wieviele Stücke von welchem Holz und von welcher Größe gebraucht werden, um eine Hütte zu errichten.

Um zu bestimmen, wie "primitiv" das Denken eines Stammes ist, genügt es nicht zu fragen, welche Zahlen und Operationen unseres eigenen mathematischen Systems sie zufällig verwenden. Das ist viel zu ethnozentrisch, obwohl das bis heute so üblich ist. Vielmehr wäre die Frage angebracht: welche Denksysteme verwenden sie auf diesem oder jenem Gebiet? Was leistet ihr Denken, welche Fähigkeiten offenbart es? Das Ziel sollte sein, die typischen Charakteristika ihres Denkens im quantitativen Bereich zu entdecken.

Wir wollen ungefähr in der Mitte des Aufsatzes in die Diskussion hineinschauen (348 ff.; in 1925: 133 ff.):

"Oft ergeben sich bei Teilungen Erscheinungen, die auf prinzipielle Verschiedenheiten hindeuten.
Ich breche einen Stock entzwei:
Eine Auffassung sagt: ich habe jetzt 'zwei'.[1] *[Anmerkung 1: "Was? - ist gleichgültig; zwei (neue) 'Einheiten'."] Das Rechnen faßt erst die Eins (des Stocks), dann die Zwei, und zwischen den Einheiten des ersten und des zweiten Stadiums ist gelegentlich eine Kluft; die aber einfach übersprungen, ignoriert wird; das wird besonders klar, wenn es z. B. kein Stock, sondern wenn es ein Speer war: nicht zwei (x) ergeben sich, sondern etwa ein Stück Speer (mit Speerspitze) und ein Stückchen (Schaft) Holz. Diese zweite Auffassung sagt 'zwei' da etwa nur insofern, als es zwei Stücke, Teile sind; nicht zwei 'Einheiten'. [Ich gehe in diesem Fall nicht von einem zu zwei, sondern von einem Speer der einwandfrei in Ordnung ist, zu einem nutzlosen, zerbrochenen oder überhaupt keinem.] ... 'Eins' ist nicht schlechthin übertragbar: es gibt Bestandstücke, die nur als Teil auffassbar bleiben. (Und ähnlich: es gibt Dinge, die überhaupt erst als Vielzahl dem Denken Gebilde sind; z. B. Reiskörner, sofern sie nicht symbolisch gezählt werden.) ...*
- Es gibt Mengenobjekte, die zwar jederzeit als Summen aufgefaßt werden können, aber selbst entweder eine neue Einheit (ein Ding, Einheit anderer Art) darstellen oder eine

Formeinheit (Gestaltqualität in dem obigen Sinn d. h. mit relativ geringer Relevanz der Anordnung) wie Figuren, Familie usw.
Es gibt zweitens Mengenobjekte die keine andere Einheit als ihre abstrakte Summe haben z. B. eventuell 7, 8, 9 Kürbisse.
Wir verwenden Fassungen der zweiten Art in der Mathematik prinzipiell für alle.
Die Operationen mit den beiden Arten von Gebilden zeigen Verschiedenheiten. Z. B.: eine Kette von 8 Ringen oder Schnur von 8 Muscheln werde geteilt, zerschnitten.

	Zweite Auffassung.		Erste Auffassung.
	8 Ringe	*1 Kette*	...... *eine Kette*
8/2 = 4	"	*1 Hälfte*	...... *eine halbe Kette*
8/4 = 2	"	*1 Viertel*	...... *eine viertel Kette?*
8/8 = 1	Ring	*1 Achtel*	...... *keine Kette mehr, sondern 1 Ring.*

Bei der dritten Teilung geschieht ein Sprung. Für natürliche Menschen und Kinder ist aber so ein Sprung eine relevante Operation: die dritte Teilung führt nicht zu einem der ersten Teilung äquivalenten Resultat; da ist nicht mehr eine 'Teil-Kette'. (Wie nun erst, wenn die 'Teilung' weitergehen soll: 1/16 Kette? 1/32 Kette?).- Extrem wäre der Fall bei Melodieteilung, wo Töne überhaupt nicht als Einheiten, als 'Ganze' aufgefaßt werden, sondern nur eventuell noch Motive.- Einfacher noch: Ein halber Topf ist kein Topf, sondern eine Scherbe; ... .- Teile müssen als sinnvolle Teile des Ganzen möglich sein.- Schließlich: will jemand Wasser trinken und ich gebe ihm sehr wenig, so ist das gar nichts, nicht ein Teil."

Und so geht der Aufsatz auf fast 60 ähnlichen Seiten weiter. Die gestalttheoretische Grundhaltung kommt darin klar zum Ausdruck. Aber damals gab es noch keine selbstbewußte, selbstbenannte Gestalttheorie. Jedenfalls wird durch den Aufsatz deutlich, daß der ursprüngliche gestalttheoretische Weg, an Problembereiche heranzugehen, zuerst in der Denkpsychologie oder in der Völkerpsychologie beschritten wurde, anstatt in der Wahrnehmungsforschung.

Man weiß nicht, warum Wertheimer diesen Aufsatz nicht für seine Habilitation verwendet hat. Wahrscheinlich war die ihn bestimmende Denkweise für jegliche psychologische oder philosophische Fakultät zu radikal anders, um ihn als Habilitationsleistung anzuerkennen. Jedenfalls führten weder diese noch die Alexiestudien zu Wertheimers Habilitation, und seit seiner Promotion waren bereits sechs Jahre vergangen. Die meisten Akademiker waren in kürzerer Zeit habilitiert. Schließlich war es die Arbeit über die Scheinbewegung, die ihn 1912 zum Privatdozenten an der Frankfurter Akademie machte. Die Geschichte ist so oft erzählt worden, daß es kaum notwendig erscheint, sie hier zu erwähnen - obwohl ich immer noch keine Dokumentierung ausfindig gemacht habe, welche ihr einen anderen als einen gerüchteweisen Status gewähren würde (Newman, 1944, 431-432): Wertheimer saß im Spätsommer 1910 im Zug, um von Wien ins Rheinland auf Urlaub zu fahren, hatte die Eingebung zu einer neuen Variation in einem Experiment mit stroboskopischer Bewegung und stieg in Frankfurt aus. Er kaufte ein Spielzeugstroboskop und begann in einem Hotelzimmer zu experimentieren. Er wendete sich an Wolfgang Köhler, der Assistent an Schumanns Psychologischem Institut an der Frankfurter Akademie war, und Köhler verschaffte ihm einen Platz und die Erlaubnis zur Verwendung eines Schumannschen Tachistoskops in Schumanns Laboratorium. Köhler und etwas später auch Kurt Koffka und seine Frau nahmen als Versuchspersonen an den Experimenten teil. Auch wenn das nicht der Beginn der Gestalttheorie war, so förderte es zumindest ihre Weiterentwicklung. Köhler, Koffka und Wertheimer müssen in Herbst, Winter und Frühjahr 1910/11 lange, aufregende Diskussionen geführt haben. Zu der Zeit, als Koffka 1911 wegging, um in Gießen, etwa 45 km von Frankfurt entfernt, eine Stelle anzunehmen, waren Köhler und er vom Gestalt-Virus angesteckt gewesen.

Wie bereits erwähnt, enthält der Aufsatz von 1912 über Scheinbewegung ziemlich wenig Gestalttheorie, weit weniger als der Aufsatz über Zahlengebilde oder sogar der musikologische Beitrag von 1910. Es stimmt allerdings, daß er den Keim der Isomorphievorstellung enthält, die Köhler später in viel ausgearbeiteteren Details entwickelt hat. Die erste veröffentlichte Darstellung der Gestalttheorie als solcher erschien 1914 in der 71-seitigen Monographie von Dr. Gabriele Gräfin von Wartensleben unter dem Titel: "Die christliche Persönlichkeit im Idealbild: Eine Beschreibung sub specie psychologica". Der erste Satz ihres Texts lautet:

"*Das Wort* Persönlichkeit, *eines der schwerwiegendsten, problembeladensten Worte der Sprache, bedeutet psychologisch aufgefaßt nichts mehr und nichts weniger als* 'Gestalt' *bestimmter Art im eigentlichen und absoluten Sinne des Wortes.*"

Dem Wort "Gestalt" ist eine Fußnote Nr. 1 gewidmet, und der Rest dieser Seite - wie auch der größte Teil der beiden folgenden Seiten - wird vom Kleindruck der Fußnote 1 ausgefüllt. Die Fußnote beginnt mit einer kurzen Zusammenfassung der von Ehrenfels'schen Auffassung von Gestaltqualitäten und geht weiter:

"M. Wertheimers *(noch nicht im Druck erschienene, aber u. a. in einer Vorlesung über erkenntnistheoretische Probleme, die er im S.S.* 1913 *an der Frankfurter Akademie abhielt, sowie in Privatgesprächen vielfach erörterte)* Gestalttheorie

dürfte annähernd - fragmentarisch und frei wiedergegeben - folgende Grundgedanken enthalten:
1. Von chaotischen (...) Eindrücken abgesehen, sind die in unser Bewußtsein tretenden Erlebnisinhalte meist nicht summativ gegeben, sondern sie bilden ein bestimmt charakterisiertes Zusammensein, *d. h. umrissene Gebilde, oft 'von einem Zentrum aus erfaßt' (...), zu dem hin die anderen Teile des Gebildes in hierarchischem System zugeordnet sind. Solche Gebilde sind im prägnanten Sinne als 'Gestalten' zu bezeichnen.*
2. Fast alle Erscheinungen sind zu begreifen entweder als chaotische Massen (...) oder meist 'wenig Durchgestaltetes' einerseits, oder als Gestalten andererseits .... Das schließlich Erfaßte sind 'Gebildefassungen' (dazu gehören die 'Gegenstände' in einem weiten Sinne des Wortes, auch 'Beziehungszusammenhänge'). Sie bedeuten spezifisch anderes *und mehr als die summative Gesamtheit der Einzelglieder. Oft wird das 'Ganze' erfaßt, bevor überhaupt die einzelnen Teile ins Bewußtsein kommen.*
3. Der Erkenntnisvorgang (...) ist sehr oft ein Vorgang des 'Zentrierens' d. h. ein 'Gestalten' oder ein Erfassen desjenigen einen Momentes, das den Weg zum geordneten Ganzen ermöglicht, ein In-Einssetzen der etwa vorhandenen Einzelteile; es resultiert ein gestaltetes Eins-werden als Ganzes vermöge und in Kraft dieser Zentrierung. Das Resultat eben der Erkenntnis ist das Herausspringen der 'Gestalt' aus dem 'noch Nichtdurchgestaltetsein'. Es ergibt sich bestimmte So-

färbung der Teile aus der einen bestimmten Gesamtkonzeption; ... .
4. Dieselben Aussagen von verschiedenen Gebilden gemacht, können ganz verschiedene Bedeutung haben, je nachdem wie sie im Gebilde drin sitzen, d. h. z. B. je nachdem sie dem Zentrum näher oder ferner stehen. ... ."

Und die Gräfin fährt darin fort, einige weitere zentrale gestalttheoretische Auffassungen zu erläutern.

Erweiterung und Differenzierung

Etwa im Sommer 1913 schien der Abschluß des Klärungsprozesses nah; schon 1910 gab es Ansätze dazu. Die Verifikation ging rasch voran, in den Phi-Experimenten und im Austausch mit Köhler, Koffka und bald ebenso mit anderen. Der Rest der Geschichte von der Entwicklung der Schule der Gestalttheorie ist allgemein bekannt und gut dokumentiert, und in mancher Hinsicht spielten Köhler, Koffka und andere eine größere Rolle bei ihrer Verbreitung als Wertheimer. Aber Wertheimer blieb für den Rest seines Lebens von der Gestaltauffassung besessen. In ein Problemgebiet nach dem anderen, in einen Bereich der konkreten menschlichen Wirklichkeit nach dem anderen führte er gestalttheoretisches Denken ein, um neues Licht zu verbreiten, um, was er "abgenutzte Denkweisen" nannte, zu ersetzen, um zu versuchen, zum Herzen, an den "Radix" der Probleme zu kommen.

Wertheimers Gedanken sprudelten unablässig, waren beständig kurz vorm Überfließen, am Siedepunkt. Wie es seine Witwe in einem Interview 1974 beschreibt (vom Verfasser auf Magnetophon aufgenommen und in den Archiven der Geschichte Amerikanischer Psychologie in Akron, Ohio, hinterlegt), war sein Denken nicht linear, auch nicht zirkulär, nicht einmal in der Form einer ansteigenden Spirale. Vielmehr ging es gleichzeitig in viele Richtungen auf einmal, immer das Ganze, seine konstituierenden Teile und den allgemeinen Zusammenhang im Sinn behaltend. Wenn er einen Satz zu schreiben begann, waren seine Gedanken, wenn er zur Satzmitte gekommen war, bereits so weit vorausgeeilt, daß der erste Teil schon nicht mehr richtig war oder paßte. Eine Konsequenz war, daß er nur verhältnismäßig wenig veröffentlichte, nachdem die Schule der Gestalttheorie sich etabliert hatte. Da existiert zwar der hochwichtige Aufsatz von 1923 über die Prinzipien der Wahrnehmungsorganisation, da war der Aufsatz von 1918, der erst 1920 veröffentlicht wurde, über die Blindheit der traditionellen Logik, da gab es die in den USA veröffentlichten Essays über Wahrheit (1934), Freiheit (1940), Ethik (1935) und Demokratie (1937) und sein Buch "Produktives Denken" (1945, deutsch in der Übersetzung von Wolfgang Metzger: 1964), das erst kurz vor seinem Tod fertig wurde. Es sind durchweg hochoriginelle und fruchtbare Beiträge, aber, was die Zahl angeht, verhältnismäßig wenige. Zweifellos war seine Unzufriedenheit mit dem weitgehend stückhaften Folgecharakter geschriebenen Textes zumindest zum Teil der Grund für den vergleichsweise geringen Umfang seines veröffentlichten Werkes.

Beim gesprochenen Wort war die Situation erheblich anders. Im Hörsaal, in Seminaren, im Gespräch konnte er begeistern. In Frankfurt, dann in Berlin, dann wieder in Frankfurt und schließlich in Amerika war er unbestritten ein sehr beliebter Lehrer, sogar trotz seines anfangs ziemlich dürftigen Englisch.

Wir wollen mit einigen Details aus dem übrigen Gang von Wertheimers Leben schließen. Er lehrte bis zum Ersten Weltkrieg, als er mit Erich von Hornbostel bei der Entwicklung eines Geräts zur genauen Richtungsbestimmung eines Tones zusammenarbeitete, als Dozent in Frankfurt. Die Erfindung, die sie patentieren ließen, wurde von ihnen, ihren Familien und Freunden das "Wertbostel" genannt. Von 1916 bis 1922 war er Dozent und Assistent am Berliner Psychologischen Institut. Während dieser Jahre begegnete er dem Physiker Albert Einstein und begann eine Bekanntschaft, aus der eine herzliche persönliche Freundschaft wurde. Als Köhler 1922 als Professor nach

Berlin kam, wurde Wertheimer (endlich) Außerordentlicher Professor. Sicherlich wurde dem jungen Apostel zum Teil des herrschenden Antisemitismus wegen eher als dem älteren Propheten die angesehene Professur zuerkannt, vor allem aber wohl auch wegen der geringen Anzahl von Wertheimers Publikationen und der Vielfalt und der beeindruckenden Qualität der Arbeiten Köhlers. Die Erwartung, daß Hochschullehrer größere systematische Abhandlungen über ihr Forschungsgebiet veröffentlichen sollten, war möglicherweise eines der Motive, die 1925 zur Veröffentlichung des kleinen Bändchens "Drei Abhandlungen zur Gestalttheorie" führten, das einfach einen Nachdruck der beiden Arbeiten Wertheimers von 1912 und seines Logikartikels von 1918-1920 enthielt.

Im Juli 1923 heiratete Wertheimer Anna Caro, die Tochter eines Arztes in Preussen, im Bezirk Brandenburg, einem heutigen Teil Polens; sie war eine seiner Studentinnen, 21 Jahre jünger als er. Ihr erstes Kind, Rudolf, wurde an Annas Geburtstag im Juni 1924 geboren, starb aber einige Wochen später. Drei weitere Kinder wurden in rascher Aufeinandefolge geboren: Valentin 1925, Michael 1927 und Lise 1928.

Im Jahre 1927 gab es Bemühungen, Wertheimer eine Professur in Gießen zu sichern, da durch Übersiedlung Koffkas in die USA dessen Stelle als Außerordentlicher Professor frei geworden war; sie blieben jedoch erfolglos. Edwin G. Boring versuchte 1929, Wertheimer für ein Semester oder ein Jahr nach Harvard zu bringen, aber auch das mißlang. Etwas widerwillig verließ Wertheimer 1929 Berlin, um den Lehrstuhl in Frankfurt anzunehmen, der durch Schumann frei geworden war. Es war in der Tat spät für einen Ruf zum Ordentlichen Professor, aber der Ruf war schließlich doch gekommen. Wertheimer sollte nur vier kurze, von einer Herzattacke unterbrochene Jahre bleiben; dann kam Hitler. Mittlerweile hatte Wertheimer eine weltweite Reputation, und Studenten aus Deutschland, Finnland, Japan, USA und von anderswo scharten sich um ihn. In der Voraussicht dessen, was folgte, übersiedelte Wertheimer seine Familie nach Marienbad in der Tschechoslowakei, um die Bedrohung durch die Nazis zu überstehen. Aber sie wurde natürlich nicht kleiner; der Nationalsozialismus wuchs und gedieh. So zog Wertheimer mit 53 Jahren aus in ein fremdes Land, dessen Sprache er kaum kannte. Zugegebenermaßen hatten ihn begeisterte Berichte über die USA von Köhler, Koffka und Lewin erreicht, und bald wurde er ein loyaler, eifriger amerikanischer Bürger. Seine zehn Jahre (1933-1943) an der New School for Social Research, die durch die aufopferungsvolle und einfallsreiche Leitung und den Weitblick des charismatischen Präsidenten der New School, Alvin Johnson, ermöglicht wurden, waren ereignisreich und produktiv und brachten viele eifrige Studenten. Diese Jahre könnten gut und gern zum Thema eines anderen, längeren Aufsatzes werden. Der Verfasser ist in der Tat gerade dabei, eine etwas längere Biographie über Max Wertheimer vorzubereiten. Einstweilen soll der Hinweis, daß Wertheimer in seinem Haus in New Rochelle, New York, am 12. Oktober 1943 plötzlich an einem Herzinfarkt gestorben ist, diesen Aufsatz abschließen. Aber wie die Existenz der "Gesellschaft für Gestalttheorie und ihre Anwendungen (GTA)", der internationalen Zeitschrift "Gestalt Theory" (in der bereits 1980 eine englischsprachige Fassung dieses Artikels erschienen ist) und auch dieses Buches belegt, lebt seine Gestalttheorie weiter.

Zusammenfassung

Der Artikel bietet eine biographische Skizze Max Wertheimers, des Begründers der Gestalttheorie in Psychologie und Philosophie (1880-1943). Besondere Aufmerksamkeit wird den kulturellen Zusammenhängen (einschließlich erzieherischen und schulischen Verhältnissen) gewidmet, in denen Wertheimer aufwuchs. Es wird dargelegt, daß schon in einem musikologischen Artikel, der 1910 erschien, ein gestalttheoretischer Ansatz klar zu erkennen ist. Die eindeutige Anwendung gestalttheoretischer Methodologie findet sich bereits in einer Abhandlung über das Denken der Naturvölker, die 1912 veröffentlicht wurde - vor dem berühmteren Artikel über das Phi-Phänomen, von dem oft, aber etwas falsch, als dem Anfang der Gestalttheorie geredet wird. Der Urprung der Gestalttheorie lag eher in der Psychologie des Denkens (oder sogar der Musik) als in der Wahrnehmungspsychologie. Die erste veröffentlichte Darstellung der Gestalttheorie findet sich in einer Monographie (1914) von Gabriele Gräfin von Wartensleben. Der Artikel schließt mit einer kurzen Beschreibung und Zusammenfassung von Wertheimers späterer Lebensgeschichte.

Literatur

Anonymus (1880) Alexander Wertheimer [Nachruf], *Prager Tagblatt* vom 13.Juli 1880.

Boring, E.G. (1950): A history of experimental psychology. 2. Aufl., New York.

Clark, R. W. (1950): Einstein: The life and times. New York.

Jung, C.G. (1906): Brief an Max Wertheimer, datiert vom 10. Okt. 1906. In Kiste 1, Karton 1, Mappe 1 von Wertheimers Schriften in der Manuscripts and Archives Division der New York Public Library.

Köhler, W. (1944): Max Wertheimer, 1880-1943. *Psychological Review* 51, 143-146.

Lipmann, O., M. Wertheimer (1907): Tatbestandsdiagnostische Kombinationsversuche. *Zeitschrift für angewandte Psychologie* 11, 119-128.

Newman, E.B. (1944): Max Wertheimer: 1880-1943. *American Journal of Psychology*, 57, 428-435.

Reimann, G. (1930): Wilhelm Wertheimer. Tschechoslowakische Zeitung des Independent Order of Odd Fellows in der Tschechoslowakischen Republik, Prag, 25. September 1930, 3, 1, 1-4. [tschechisch].

Scheerer, M. (1931): Die Lehre von der Gestalt: Ihre Methode und ihr psychologischer Gegenstand. Berlin.

Wallas, G. (1926): The art of thought. New York.

Wartensleben, G. (1914): Die christliche Persönlichkeit im Idealbild: Eine Beschreibung sub specie psychologica. Kempten und München.

Wertheimer, M. (1891-1894): Poesie. Gefunden in Wertheimers Nachlaß. Gegenwärtig im Besitz von Michael Wertheimer.

Wertheimer, M., J. Klein (1904): Psychologische Tatbestandsdiagnostik. *Archiv für Kriminalanthropologie und Kriminalistik* 15, 72-113.

Wertheimer, M. (1905): Experimentelle Untersuchungen zur Tatbestandsdiagnostik. *Archiv für die gesamte Psychologie* 6, 59-131.

Wertheimer, M. (1906 a): Über die Assoziationsmethoden. *Archiv für Kriminalanthropologie und Kriminalistik* 22, 293-319.

Wertheimer, M. (1906 b): Zur Tatbestandsdiagnostik: Eine Feststellung. *Archiv für die gesamte Psychologie* 7, 139-140.

Wertheimer, M. (1910): Musik der Wedda. Sammelbände der internationalen Musikgesellschaft 11, 300-309.

Wertheimer, M. (1911): Über das Denken der Naturvölker: I. Zahlen und Zahlgebilde. *Zeitschrift für Psychologie* 60, 321-378.

Wertheimer, M. (1912): Experimentelle Studien über das Sehen von Bewegung. *Zeitschrift für Psychologie* 61, 161-265.

Wertheimer, M. (1912): Über experimentell-psychologische Analyse einiger hirnpathologischer Erscheinungen. In Schumann, F. (Hg.), Bericht über den V. Kongress für experimentelle Psychologie, in Berlin vom 16. bis 20. April 1912. Leipzig, S. 188.

Wertheimer, M. (1920): Über Schlußprozesse im produktiven Denken. Berlin.

Wertheimer, M. (1923): Untersuchungen zur Lehre von der Gestalt, II. *Psychologische Forschung* 4, 301-350.

Wertheimer, M. (1925): Drei Abhandlungen zur Gestalttheorie. Erlangen.

Wertheimer, M. (1934): On truth. *Social Research* 1, 135-146; deutsch: in diesem Band.

Wertheimer, M. (1935): Some problems in the theory of ethics. *Social Research* 2, 353-367; deutsch: in diesem Band.

Wertheimer, M. (1937): On the concept of democracy. In Ascoli, M. und Lehmann, F. (Hg.), Political and economic democracy S. 271-283. New York; deutsch: in diesem Band.

Wertheimer, M. (1940): A story of three days. In Anshen, R.N. (Hg.), Freedom: Its meaning. New York, 555-569; deutsch: in diesem Band.

Wertheimer, M. (1945): Productive thinking. New York.

Wertheimer, W. (1892-1898): Tagebuch. Gefunden in Max Wertheimers Nachlaß. Gegenwärtig im Besitz von Michael Wertheimer.

Max Wertheimer – Bilder

Die Eltern Max Wertheimers um 1877

Max Wertheimer um 1895

Die Handelsschule Wertheimer in Prag um 1917

Max Wertheimer in seiner Berliner Studentenzeit; 25.8.1902

Max Wertheimer (links) nach der Promotion in Würzburg mit Kommilitonen um 1905

Max Wertheimer in Frankfurt/Main mit dem Schumannschen Tachistoskop; 13.11.1913; Stadtarchiv Frankfurt/Main

Max Wertheimer mit seiner Frau Anna, geb. Caro (1901–1987) nach der Heirat in Prag; August 1923

Max Wertheimer in seinem Frankfurter „Wahrheitsseminar", mit dem Universitätskurator Prof. Kurt Riezler; um 1930; Privatbesitz Dr. Gertie Siemsen, Berlin

Datum und Anlaß nicht festgestellt; (von links) 1. Fritz Heider, 2. Kurt Lewin, 6. Wolfgang Köhler, letzter: Max Wertheimer

Datum und Ort nicht identifiziert; (von links) Adhémar Gelb, Max Wertheimer, Wolfgang Köhler; es könnten die Kinder Köhlers sein, die im Vordergrund zu sehen sind.

Max Wertheimer, seine Frau Anna, die Kinder Valentin (1925–1975), Michael (geb. 1927) und Lise (geb. 1928) nach ihrer Ankunft in den USA im September 1933

Max Wertheimer mit seiner Familie, zuhause in New Rochelle, N. Y.; Juni 1936

Max Wertheimer, zuhause in New Rochelle, N. Y., an seinem Schreibtisch, um 1943; Privatbesitz Dr. Erwin Levy, Manhattan, NYC.

Max Wertheimer *15. April 1880 †12. Oktober 1943

ZUR AKTUALITÄT MAX WERTHEIMERS

Hans-Jürgen Walter

1. Wertheimers Arbeiten über Wahrheit, Ethik, Demokratie und Freiheit als Teile eines wissenschaftlichen und menschlichen Ganzen

1.1 ... als epistemologische Kurse

In seinen in diesem Buch vereinten Arbeiten schildert Wertheimer eine Fülle von Beispielen "wissenschaftlicher" Oberflächlichkeiten, Kurzschlüssigkeiten und Fehlgriffe. Für die "Geschichte dreier Tage" über Freiheit verwendet er das Mittel der Personifizierung, um sowohl das Verständnis von Wissenschaft, um das es ihm geht, als auch verbreitete Auffassungen von Wissenschaft im allgemeinen und vom Begriff der Freiheit im besonderen zu veranschaulichen. Die zwei typischen Vertreter der Wissenschaft, die der *brave Mann* in Wertheimers "Geschichte" aufsucht, ein Soziologe und ein Philosoph, sind keineswegs unsymphatisch. Sie sind nur oberflächlich, Protagonisten eines Wissenschaftsverständnisses, demzufolge persönliche Überzeugung, Leidenschaft und Gefühl lediglich Privatangelegenheiten ohne Belang für wissenschaftliches Handeln sind, und das so der Verwechslung von Sachlichkeit mit der Pose kenntnisreicher Unberührtheit (vielleicht wäre "Ignoranz" hier sogar das treffendere Wort) Vorschub leistet.

Unübertrefflich ist die Stelle, wo der *brave Mann* den über die absolute Determiniertheit des Menschen dozierenden Philosophen zur Kollision seiner wissenschaftlichen Auffassungen mit seinem alltäglichen Selbstverständnis und -erleben treibt. Da unterläuft diesem ein bezeichnendes Augenzwinkern, anhand dessen Wertheimers *Mann* ihn wie einen Tanzbären am Nasenring als Musterbeispiel dafür vorführen kann, zu welchen Dummheiten es führt, wenn jemand seine menschliche Existenz säuberlich von seiner wissenschaftlichen zu trennen bemüht ist. Die indigniert-abwehrende Bemerkung des Wissenschaftlers, "*Lassen Sie uns nicht diese praktischen Probleme mit dem philosophischen Sachverhalt vermischen*", gibt ihn nicht weniger als das Wissenschaftsverständnis, das er verkörpert, der Lächerlichkeit preis.

Das Niveau wissenschaftlicher Forschung fällt oder steigt mit dem menschlichen Niveau des Wissenschaftlers, ist sozusagen vorwissenschaftlich oder außerwissenschaftlich determiniert. Diesen Zusammenhang deutlich zu machen, dienen vor allem die beiden Beiträge über Wahrheit und Freiheit. Noch schärfer gesagt: Es ist eine Charakterfrage - und dabei spielt die Intelligenz, die man mit einem Intelligenztest messen kann, eine untergeordnete Rolle -, ob jemand gute Forschungsarbeit leistet oder nicht. Das mag manchen bedrohlich klingen. Man kann sie beruhigen: Gerade die Charaktereigenschaften, die nach Wertheimer gefordert sind, kann man niemandem durch Zwang, Strafe, Drill, Konditionierung zufügen.

Noch vor der Liebe zur Wahrheit rangiert die Eigenschaft, ein *freier Mensch* zu sein; denn sie schließt für ihn erstere ein. Einer Aufzählung von Forschungsproblemen, die für Wertheimers *braven Mann* Beachtung fordern, folgt die unmißverständliche Feststellung: "*Die Aufgabe, die er sah, bestand darin, auch diese Probleme mit der Haltung des freien Menschen zu betrachten, produktiv und aufrichtig; wirkliche Hilfe würde nur auf diese Weise kommen.*" Die *Liebe zur Wahrheit* ist ein Merkmal des *freien Menschen*. Und: "*Wissenschaft wurzelt im Willen zur Wahrheit. Sie steht und fällt mit dem Willen zur Wahrheit. Sinkt irgend das Anspruchsniveau in dieser Hinsicht, so erkrankt die Wissenschaft in ihrem Innersten. Nicht nur die Wissenschaft, sondern der Mensch.*" Diese ersten Sätze des Aufsatzes über Wahrheit belegen noch einmal, wie eng Wertheimer den Zusammenhang zwischen Mensch und Wissenschaft versteht; zugleich sind sie ein Appell an die Menschen, die Wissenschaftler sind, sich ihrer Verantwortung bewußt zu sein.

Wertheimer hatte 1934 gerade erst am eigenen Leib erfahren, daß der *Wille zur Wahrheit* auch an Universitäten nicht sonderlich ausgeprägt ist. Er scheint sich aber auch darüber klar geworden zu sein, daß der Teufelskreis "kranker Mensch - kranke Wissenschaft - kranker Mensch - ..." nur durchbrochen wird, wenn die Zahl der Wissenschaftler wächst, die sich ernstlich für die Wahrheit, für eine angemessene Theorie der Wahrheit interessieren. Dies ist das Dilemma mit seinem Artikel über Wahrheit; er ist von Interesse nur für *freie Menschen*, weil nur solche Menschen auch ein Interesse daran spüren, Beiträge zur Therapie erkrankter Wissenschaft, zu einer Psychologie und einer Pädagogik im Dienst der Entwicklung *freier Menschen* zu leisten. Hier scheint mir, zeitlich mit den Entstehungsdaten fortschreitend, bei den drei später entstandenen Aufsätzen eine Entwicklung in Stil und Inhalt erkennbar zu sein, die aus dem Versuch hervorgegangen sein könnte, diesem Dilemma Rechnung zu tragen.

Mit seinen 1935 und 1937 veröffentlichten Aufsätzen zur Theorie der Ethik und zum Demokratiebegriff greift Wertheimer Themen auf und nennt sie im Titel, von denen er hoffen kann, daß sie auf breiteres Interesse stoßen als der Artikel über Wahrheit. Der Artikel zum Demokratiebegriff erscheint überdies nicht mehr in der Zeitschrift "Social Research", sondern in einem Sammelband mit dem Titel: "Political and Economic Democracy". Der letzte

Beitrag erscheint 1940 in einem Sammelband mit dem Titel "Freedom: Its Meaning".

Schon mit dem Titel dieser Arbeit, "A Story of Three Days", stellt Wertheimer universitäre Gepflogenheiten hintan, und erst recht, indem er in Anlehnung an die Form einer Erzählung berichtet, was einem *braven Mann* im Verlauf dreier Tage bei dem Versuch herauszufinden, was *Freiheit* ist, in Gedanken, Worten und Begegnungen mit Büchern und Wissenschaftlern widerfährt. In dieser Arbeit wird experimentell-wissenschaftliche, pädagogische und psychotherapeutische Praxis eins. Hier verwirklicht Wertheimer, worum es ihm zutiefst geht: die Identität von wahrhafter Wissenschaftlichkeit und wahrhafter Menschlichkeit; hier beweist er, daß "Geschichten erzählen" ein ausgezeichnetes wissenschaftliches Instrument sein kann.

In dieser, seiner letzten Forschungsarbeit, die zu seinen Lebzeiten erschienen ist, durchbricht Wertheimer nicht nur inhaltlich, sondern auch formal unübersehbar den Teufelskreis einer vom lebendigen Ganzen menschlicher Existenz abgekoppelten Wissenschaftlichkeit auf seine, die von ihm in Gang gesetzte Richtung psychologischer Forschung, die gestalttheoretische Psychologie, kennzeichnende Weise. Das heißt auch: Wer *Wahrheit* will, wer *freie Menschen* will, wer selber *frei* sein will, der hört auf, um einer (psychologischen) Wissenschaft als solcher willen (die ohnehin eine so blasse Abstraktion ist, daß kaum jemandem der Unterschied zu "um der eigenen wissenschaftlichen Karriere willen" auffällt) was auch immer zu beforschen, und fängt an damit, erst einmal die Wirklichkeit menschlicher Existenz am Beispiel des eigenen im Zusammenhang mit dem Leben anderer vorbehaltlos in den Blick zu nehmen und an dieser "Selbsterfahrung" die Sinnhaftigkeit eigener Forschungspläne zu überprüfen. So wird Fortschritt möglich, der - das könnte sein - zwar weder kommerziell noch karrieremäßig verwertbar ist, dafür aber dem Menschen dient.

Erst wer den bis hierher erörterten erkenntnis- und wissenschaftstheoretischen Vorbedingungen für sinnvolle Forschung Rechnung zu tragen fähig ist, vermag auch die Bedeutung und Tragweite der Erörterungen jener Probleme zu begreifen, die üblicherweise als "Epistemologie" verstanden werden. Das heißt auch: Normalerweise bleibt in diesen Erörterungen ein wesentlicher Teil ausgeklammert, gerade der Teil, der nötig ist, um zu verstehen, daß Erkenntnistheorie mehr ist als nur ein bedeutungsarmes "Glasperlenspiel", ein zeitvertreibendes Ausweichen vor der "wirklichen empirisch-experimentellen Arbeit". Diese Betrachtung legt es nahe, die vier Arbeiten entgegen ihrer zeitlichen Abfolge zu lesen.

Alle Arbeiten sind, neben vielem mehr, Lehrstücke zur Vermittlung epistemologischer Kompetenz. Während in der jüngsten, der Arbeit über Freiheit, eher die schon erwähnten, in der Regel sträflich vernachlässigten Gesichtspunkte zum Zuge kommen, in den beiden zeitlich in der Mitte entstandenen über Ethik und Demokratiebegriff epistemologische Kurse am Beispiel der Erforschung komplexer Theorie- und Handlungssysteme von weitreichender gesellschaftlicher Bedeutung gesehen werden können, begibt sich Wertheimer im ältesten Beitrag mit der Frage nach *Wahrheit und Falschheit* mitten ins Zentrum traditioneller erkenntnistheoretischer und - gerade in ihrer unattraktiven Beschränktheit - für die gängigen Forschungsmethoden so bestimmenden Auffassungen.

Allein daß er dabei konsequent seinem Anspruch, immer das Ganze menschlicher Existenz und in diesem Zusammenhang auch Wissenschaft im Blick zu behalten, Rechnung trägt, führt rasch zum Nachweis der Unzulänglichkeit in der Wissenschaft verbreiteter Wahrheitsdefinitionen. Wahrheit als eine allgemeine Eigenschaft von Aussagen, Behauptungen, Urteilen anzusehen, reicht nicht aus, um der Bedeutung von Wahrheit und Falschheit "*im lebendigen Denken und Sein*" gerecht zu werden. "*Wahrheit will mehr.*" Jemand, der mit der abstrakten Zeichensprache logischer Abhandlungen schon schlechte Erfahrungen gemacht hat, kann die überraschende Erfahrung machen, wie solche Zeichensprache zur gedächtnisstützenden Veranschaulichung werden kann. Die erkenntnistheoretische Sprengkraft der schlichten Unterscheidung zwischen *w*, *W* und *f*, *F* (*w*, *W* für Wahrheit und *f*, *F* für Falschheit, jeweils im Detail und im Ganzen) bleibt im Gedächtnis erhalten und erlaubt, die wesentlichen Ergebnisse von Wertheimers Analyse des Wahrheitsbegriffes immer wieder neu abzuleiten, vergleichsweise einfache (aber keineswegs belanglose) wie "*Etwas kann wahr sein in stückhaftem Sinn und falsch, ja Lüge, als Teil in seinem Ganzen*" und selbst für Wertheimer noch weiterer Aufklärung bedürfende wie "*Es gibt tatsächlich Fälle der Verwandlung von Wahrheitswerten*". Hier fügt er, nachdem er zuvor schon die Frage aufgeworfen hat, ob es nicht auch *radikale Unbestimmtheit* gibt, den Hinweis an: "*Sieht man näher zu, so sieht man bald, daß es sich hier nicht um einen Einwand, sondern um ein Forschungsgebiet handelt.*"

1.2 ... als Forschungsprogramm

Wertheimers Arbeiten sind nicht nur, jede einzelne für sich, Kurse in Erkenntnis- und Wissenschaftstheorie, sie begründen, zusammengenommen, ein weitreichendes Forschungsprogramm.

Mit den Themen seiner vier Beiträge kennzeichnet Wertheimer den Verantwortungsbereich einer Psychologie, die ohne jede Einschränkung für die Klärung der Grundlagen und die Verbesserung der von Menschen geschaffenen Bedingungen menschlicher Existenz konzipiert ist. Zugleich entwickelt und begründet er anhand dieser Themen Sichtweisen und Forschungsmethoden, deren Differenziertheit geeignet ist, diesem Verantwortungsbereich - der Vielfalt der Zusammenhänge menschlichen Lebens - gerecht zu werden, und benennt er eine Reihe konkreter Forschungsaufgaben, von denen ein großer Teil überhaupt erst aufgrund seiner epistemologischen Aufklärungsarbeit als solche ins Blickfeld der Psychologie geraten konnte; das wird zum Beispiel deutlich, wenn er im Artikel über Wahrheit feststellt:

"*Erledigungen wie, daß der Inhalt des Teils bei Abstraktion, bei Erscheinen des stückhaft Gleichen in verschiedenen Ganzen doch jedenfalls derselbe bleibe, erweisen sich bald als zu glatt. Ob eine Verschiedenheit vorliegt und welche - Verschiedenheit in der Rolle, in der Funktion, in der Dynamik oder gradezu des Inhalts selbst - ist eine Forschungsaufgabe, die zu sehr konkreten und formalen Problemen führt.*"

Damit in enger Verbindung stehen die schon erwähnten Fälle der Verwandlung von Wahrheitswerten (*wF*, *wW* usw. stellen beispielsweise solche Werte dar). Es handelt sich um das Problem, daß als Stücke für sich betrachtet stets gleiche Sachverhalte sich als Teile größerer oder kleinerer Ganzer voneinander unterscheiden. Wertheimer sieht es als wichtige Forschungsaufgabe an, seine These genauer zu überprüfen, daß daraus keine *radikale Unbestimmtheit* resultiert, sondern vielmehr, da nicht alles mit allem in gleicher Weise zusammenhänge, die Möglichkeit der Veränderung von Wahrheitswerten *durch Weiterhinzufügung irgendwelcher Teile* an eine Grenze stößt. "*Die Frage der Abgrenzung einer Gestalt - wie einer Alltagssituation - ist nicht eine Frage des Beliebens, sondern steht ebenso unter Gesichtspunkten von richtig und unrichtig, logisch und unlogisch.*"

Die Bedeutung dieses Problems wird im "Ethik-Artikel", der nicht zuletzt eine entschiedene Absage an eine relativistische Position gegenüber menschlichen Werten darstellt, bei der Frage nach der Bestimmung sowohl grundlegender Werte als auch des in Übereinstimmung mit solchen Grundwerten in einer jeweiligen Situation Richtigen konkret. Dazu schreibt er:

"*Die Probleme einer wissenschaftlichen Ethik sind sehr verwickelter Natur. Wenn die Probleme wissenschaftlich untersucht werden sollen, müssen wir versuchen, die vielen damit verknüpften Probleme sorgfältig zu unterscheiden, und bescheiden Schritt für Schritt vorwärtsgehen, um Klarheit über das Untersuchungsfeld zu gewinnen....Aber um wirkliche Axiome zu finden und die zentralen ethischen Probleme zu untersuchen, reicht es nicht aus, Axiome schlicht durch Verallgemeinerung der faktischen Bewertungen auf eine Formel zu bringen. Nötig sind Untersuchungen der Verursachung, der Bestimmung, der strukturellen Voraussetzungen der Bewertungen; nötig sind psychologische Untersuchungen der Verursachung, der Bestimmung, des Entstehungsprozesses; nötig sind Untersuchungen der logischen Strukturen von Bewertungsschemata.*" Dies sind für ihn keine Fragen, die mittels Statistiken über die bloßen Taten von Menschen entschieden werden können. Wie eine Warnung vor dem Mißbrauch experimenteller Laborforschung und deren Folgen für den menschlichen Alltag liest sich in diesem Zusammenhang die zweifellos einen darüber weit hinausgehenden Geltungsbereich beanspruchende Feststellung:

"*Nimmt man dem Menschen, indem man ihn geschickt manipuliert - durch das Erzwingen blinder Urteile, durch unangemessene Einengung des Bewußtseinsfeldes, Herbeiführen blinder Zentrierung - die Möglichkeit zur Wahrnehmung der wirklichen Situation weg, beraubt man ihn der Voraussetzungen für unsere Fragen.*"

Diese Überlegungen münden in den Begriff der *Gefordertheit. Gefordertheiten* nennt Wertheimer für Menschen spürbare, ihr Denken oder Handeln in eine bestimmte

Richtung weisende Kräfte, die jedoch (im Unterschied zu auf einseitige Befriedigung von Ich-Interessen zielende Begierden, Wünsche) nicht vom anschaulichen "Ich", sondern aus einer in der Umwelt wahrgenommenen Sachlage oder einer die eigene Person als Teil einschließenden Situation ausgehen. In der so verstandenen Fähigkeit des Menschen zur Sachlichkeit sieht Wertheimer auch das wichtigste Kennzeichen des *freien Menschen*, um den es außer im "Ethik-Artikel" vor allem in seiner "Geschichte" geht.

Damit ist das Zentrum seines Forschungsinteresses charakterisiert, aus dem sich unerschöpflich die Fragen und Hypothesen ableiten lassen, deren wissenschaftliche Untersuchung er fordert:

- Was geht wirklich vor sich beim *Übergang vom Nichtverstandenen zum Verstandenen*?
- Es scheint *Schichten* im Menschen zu geben (z. B. die *Schicht* normalerweise zur Schau getragener Vorurteile und eine tiefere *Schicht*, die, wenn sie zum Vorschein kommt, wesentlich differenziertere Maßstäbe zur Geltung bringt). Was sind diese *Schichten* wirklich?
- "*Zu untersuchen sind die Zusammenhänge zwischen dem, was einer sagt, wie er es sagt, und seinem Verhalten zu anderen Menschen und Dingen. Dabei geht es auch um den Zusammenhang zwischen Wahrheit und Gerechtigkeit.*"

- Was geht bei Diskussionen vor? Was bringt Menschen dazu, *blind, starr und engstirnig*, fest an ihren Vorannahmen klebend auf Argumente und Fakten zu reagieren, anstatt *frei, vorbehaltlos und ehrlich*?
- Was geht vor sich beim Übergang vom (jemandem später unerklärlich erscheinenden) Zustand der Verblendung in einer Massensituation, zum "Erwachen", das eintritt, wenn spezielle Bedingungen wegfallen?
- Was behindert, was fördert *Kooperation*? Was ist, was zerstört, was schafft *wechselseitige Gerechtigkeit zwischen Gruppen*? Was geschieht beim Streit zweier Parteien? Wie bewältigt ein Individuum es, kooperatives Mitglied einer Gruppe zu sein und zugleich die eigentlichen Ziele im Auge zu behalten und zu beurteilen? Untersuchungen der Lösungsmöglichkeiten berühren "*Fragen nach dem Einfluß des sozialen und kulturellen Standorts in den neuen Diskussionen über die Theorie der Wahrheit*".
- "*Welche Art von Einstellung, welche Regeln, welche Institutionen ermöglichen Freiheit, welche führen zur Unfreiheit? ... Welche Faktoren sind es?*" Sind das nichts als "*internalisierte Regeln auf der Basis von Zwang und Angst*", wenn Menschen sich ehrlich und gerecht gegenüber dem Mitmenschen verhalten? Ist es vielleicht nur *blinde Unterdrückung, die solche Kräfte*, die Freud "Triebkräfte" nennt, *ausbrütet und nährt*?
- Welchen Einfluß haben physische, ökonomische Bedrükkungen, historische Faktoren, Bedingungen des Standorts

eines Menschen, der Zustand seiner Drüsen usw. darauf, ob für ihn *Gefordertheiten* lebendig und wirksam sind oder nicht? Dabei warnt Wertheimer davor, diese Faktoren, wie es oft geschehe, mit dem, was *Gefordertheit* bedeutet, zu verwechseln.

Im "Demokratieartikel" zeigt Wertheimer am Beispiel der Frage: Was ist Demokratie?, daß und wie es mit einem Psychologen zur Verfügung stehenden Methoden möglich ist, Regierungsformen miteinander zu vergleichen und herauszufinden, welche Bedeutung bestimmte Regierungsformen für das Leben der Menschen in ihrem Geltungsbereich haben. Wertheimer faßt zusammen:

"Die Feststellung und Erörterung von Einzelsachverhalten nach der Methode subtrahierender Abstraktion genügt nicht. Wir müssen ihre strukturelle Funktion betrachten. Der methodologische Ansatz besteht nicht nur im Vergleichen verschiedener Regierungsformen anhand des Vergleichs von auf dem Wege subtrahierender Abstraktion gewonnenen Einzelsachverhalten, sondern darin, daß die innere Struktur des Gegenstands untersucht und das System unter Strukturgesichtspunkten in seinem Wirken als ein Teil in seinem Feld betrachtet wird."

Wertheimers Hauptanliegen dürfte hier gewesen sein, psychologisch, aber ebenso soziologisch oder politologisch

Forschenden ein wissenschaftliches Instrument an die Hand zu geben, das ermöglicht, personübergreifende politische Entwicklungen frühzeitig zu erkennen und rechtzeitig genug darauf aufmerksam zu machen, wenn die Gefahr einer Systementgleisung mit verhängnisvollen Folgen für den Einzelnen droht. Eine solche Entgleisung war schließlich der Grund für seine Emigration in die USA gewesen.

Wertheimer ist nicht entgangen, daß er als Psychologe Forschung in Bereichen fordert, die traditionellerweise der Philosophie zugeordnet wurden, von der sich naturwissenschaftlich orientierte Psychologen abzugrenzen pflegen. Die *Gefordertheit*, die er spürt und der er folgt, führt ihn dahin, diese Bereiche nicht länger als Probleme philosophischen Schulenstreits abzutun, sondern als Aufgabe naturwissenschaftlicher Forschung zu betrachten. Wenn bis heute gilt (vgl. Der große Brockhaus, Kompaktausgabe, Bd. 17, 1984, 291):

"*Die P. ist nicht als einheitl. Wissenschaftssystem zu verstehen; Einzeltheorien und method. Ansätze stehen einander z. T. unverbunden gegenüber; fließende Übergänge finden sich zur Anthropologie, vergleichenden Verhaltensforschung, Philosophie, Gesellschaftstheorie, Soziologie, Pädagogik, Biologie und Psychiatrie*", dann braucht es einen Psychologen in seinem Selbstbewußtsein eigentlich nicht sonderlich zu erschüttern, daß Wertheimer das, worum es ihm geht, in der Nähe der Hygiene sieht, des Biologen, der die Bedingungen für Gesundheit studiert.

1.3 ... als empirisch-psychologische Forschungsarbeiten

Wertheimer belegt, daß empirische und experimentelle psychologische Forschung lange vor dem Einzug in ein eigens für Forschungszwecke eingerichtetes Labor beginnen kann und daß viele wichtige Fragen sich ohne Benutzung eines solchen Labors beantworten lassen, ja beantwortet werden müssen, wenn die Benutzung eines Labors sinnvoll sein soll. Seine wissenschaftlichen Mittel sind: vorbehaltloses Hinschauen auf das, was ist; "Geschichten, die das Leben schreibt", Gedankenexperimente: die einfallsreiche Konfrontation alltäglicher Wahrnehmungen mit der klassischen Logik; das vorbehaltlose Interesse daran, was "das Herz der Sache" ist.

Auf diese Weise konnte Wertheimer u. a. zeigen,

- daß Wahrheit ein prinzipiell beschreib- und erreichbarer Sachverhalt ist und welches methodische Rüstzeug dazu taugt, die Wahrheit herauszufinden;

- daß ethische Maßstäbe kulturübergreifender Natur sind und Menschen prinzipiell befähigt sind, sich in ihrem Handeln von personübergreifenden, dem Gemeinwohl dienenden Gesichtspunkten (*Gefordertheiten*) leiten zu lassen;
- daß und wie zwischen *freien* und *unfreien* Menschen unterschieden werden kann;
- daß bestimmte Grundbedingungen (u. a. noch zu erforschenden) eher *freie Menschen* oder eher *unfreie Menschen* hervorbringen;
- daß politische Systeme miteinander verglichen werden können und welche Charakteristika politischer Systeme günstige oder ungünstige Bedingungen für die Entwicklung *freier Menschen* darstellen;
- daß es prinzipiell möglich ist, Gefahren für die Stabilität eines "demokratischen Systems" frühzeitig zu erkennen, welcher Art sie sein können und wie sie abgewehrt werden können.

Insbesondere für Pädagogik und Psychotherapie (aber auch für politisches Handeln) erlauben die Untersuchungsergebnisse Wertheimers, im einzelnen zu beurteilen, von welcher Art sinnvolle Eingriffe in das Erleben von Menschen sein müssen.

2. Ist Wertheimer noch aktuell?

In der zeitgenössischen "scientific community" ist die Frage nach der Aktualität eines Beitrags gewöhnlich eng verknüpft mit der Frage nach dem Erscheinungsdatum. Der Grund dafür läßt sich auf die lapidare Formel bringen: Wissenschaft = Fortschritt. Daraus folgt: Wenn ein Beitrag vor mehr als fünf Jahren erschienen ist, kann er nicht mehr auf dem neuesten Stand sein. Fragt man nach, was denn der neueste Stand sei, weiß der Gefragte, zumindest in seinem Fachgebiet, zumeist auf Anhieb ein halbes Dutzend Aufsätze und Bücher zu nennen, deren Autoren überprüft, teils verifiziert, teils falsifiziert, vor allem aber weitergeführt hätten, was ein wissenschaftlicher Ahne einmal für die Lösung eines Problems hielt. Sowas gibt es. Aber es gibt keinen guten Grund zu glauben, dies sei die Regel oder gar immer so in der Gemeinschaft der Wissenschaftler. Hingegen gibt es viele gute - und ebenfalls publizierte Gründe -, daran zu zweifeln. Auf konkrete Fälle - bis hin zum "wissenschaftlichen" Betrug - angesprochen, wird jeder Universitätswissenschaftler konzessionsbereit, nur wenige aber scheint das auch nachdenklich zu stimmen.

Nur "konzessionsbereit" oder "nachdenklich"? Ich meine den Unterschied zwischen dem Zugeständnis "Ja, es gibt

Pannen" und der Bereitschaft, sich selbst in Frage zu stellen, etwa mit der Überlegung: Bin ich vielleicht mitverantwortliches Teil in einem System, in dem solche Pannen charakteristisch sind? Könnten solche Pannen etwas mit den Normen und Werten zu tun haben, die ich, als ich mich für eine Universitätskarriere entschied, für selbstverständlich hielt: Daß meine Forschungsergebnisse originell, etwas Noch-nicht-Dagewesenes, sein sollten! Daß alles, was ich publiziere, weit über das Niveau des "naiven" Denkens der Nicht-Wissenschaftler hinausreichen muß! Ja, habe ich nicht längst angefangen mir vorzumachen: Ich weiß es besser, weil ich Professor bin (oder fast bin), weil ich es besser wissen muß? Habe ich nicht längst begonnen, mich im Kreis um ein Idealbild von mir selber zu drehen? Und ist vielleicht der einzige Fortschritt, der erfolgt, der, daß der Übungseffekt mich immer schneller meine Runde drehen läßt, blind für das, was tatsächlich passiert mit mir und anderen? Ging es mir, geht es mir (noch) um die Wahrheit? Oder wollte und will ich nur auf der Höhe der Zeit sein, um dazuzugehören zur "wissenschaftlichen Gemeinschaft", um bedeutender, besser, wichtiger als "Durchschnittsmenschen" zu scheinen?

So könnte jemand ins Nachdenken kommen, seine eigene Gefährdung erkennen, merken, wie sehr er selber schwankt im verführerischen Sog einer Institution, die verspricht, "naiv"-menschliche Wünsche nach Mehr-Wissen,

Mehr-Können, Mehr-Machen genauso zu erfüllen wie die nach äußerer, oder richtiger, äußerlicher Anerkennung. Und so könnte es vielleicht einen Wissenschaftler mehr geben, der es nicht mehr für einen Unfall, eine ärgerliche Entgleisung hält, daß es in der "wissenschaftlichen Gemeinschaft" unfruchtbares Auf-der-Stelle-Treten, substanzlose Besserwisserei, Irrtümer, Rückschritte, ja Verfälschungen und Betrug gibt.

Was haben diese Überlegungen mit Max Wertheimer zu tun?

Gemessen am gängigen Aktualitätsstandard der Wissenschaft sind seine hier zum ersten Mal in deutscher Sprache, seiner Muttersprache, zusammen in einem Buch veröffentlichten Aufsätze über Wahrheit, Demokratie, Freiheit und Ethik total veraltet; er schrieb sie zwischen 1934 und 1940.

Sein Aufsatz "über Wahrheit", der älteste der hier veröffentlichten Aufsätze, ist 55 Jahre alt. Wertheimer war damals gerade erst von Frankfurt in die USA emigriert. In Deutschland festigte sich die Herrschaft Adolf Hitlers. Kann das, was er in dieser Situation über Wahrheit schrieb, heute noch wahr sein? Wenn man, während die Sonne vom blauen Himmel scheint, die telefonische Anfrage "Wie ist das Wetter bei euch heute?" mit der Wahrheit von gestern, als es regnete, beantwortet, handelt es sich entweder um einen Irrtum oder um eine Lüge. Kann also Wahrheit veralten? Nur für jemanden, der, was einmal war oder gerade ist, mit *der* Wahrheit verwechselt. Mit solch primitiven Verwechslungen mochte Wertheimer, obwohl sie einem noch heute oft genug als Begründung relativistischen Ethikverständnisses begegnen, sich offenbar schon damals nicht mehr auseinandersetzen.

Das Wetter, das politische, mag eine wichtige Rolle dabei gespielt haben, daß Wertheimer über Wahrheit schrieb, aber es war nicht die zeitlich und räumlich begrenzte Wahrheit eines politischen Tiefs, um die es ihm ging, sondern die Wahrheit, die für ihn vor der Machtergreifung Hitlers Geltung hatte, während seiner Herrschaft galt und diese Herrschaft überleben würde, ja, es ging ihm ums Überleben *der* Wahrheit. Und ums Überleben der Wissenschaft, in deren Dienst er sich gestellt hatte. Doch nicht um *der* Wissenschaft oder *der* Wahrheit als vom Menschen unabhängige Sachverhalte willen - ein solches Verständnis hätte ihm als abwegige Überschreitung kritisch-realistischer Einsicht der Grenzen menschlicher Erkenntnismöglichkeiten gegolten -, sondern um *des* Menschen willen.

Allein schon, daß die Fortschrittsideologie, derzufolge das Erscheinungsdatum einer Arbeit prinzipiell für ihre gegenwärtige Relevanz ausschlaggebend sein soll, einem heute auf Schritt und Tritt im Raum der Wissenschaft Psychologie begegnet, ist Grund genug zur Rückbesinnung auf Wertheimer. Was könnte eine solche Ideologie für einen Zweck haben, wenn nicht den, sich jenseits aller Einsichten, aller Argumente dagegen abzusichern, daß der eigene Beitrag an einer das "Wetter" von heute überdauernden Relevanz gemessen wird, daran, ob dieser Beitrag nicht nur beliebig (für die eigene Karriere oder für irgendjemandes persönliches Interesse) verwertbare Detail-Wahrheiten über dieses oder jenes liefert, sondern dazu dient, die Wahrheit im Ganzen besser zu erkennen und ihr besser gerecht zu werden? Erst wer wie Wertheimer begriffen hat, daß die Erforschung der Wahrheit im Ganzen mit der Frage beginnt "Wie trete ich der Welt gegenüber, frei oder unfrei?", gibt sich die Chance, etwas von ihr zu begreifen und anderen beim Begreifen zu helfen. Der kann herausfinden, wie er sich daran gehindert hat, für *die* Wahrheit, *die* Ethik, *die* Werte menschlicher Existenz zugänglich zu sein und wie er über die ichhafte Verzerrung seiner Wahrnehmung, die ihm nur viele Wahrheit-*en*, viele Ethik-*en*, viele relative Werte vorgegaukelt hat, hinauskommen kann. Der kann den Unterschied bemerken zwischen "nur um sich selbst kreisen" und "sich als Partner, Mitmensch erleben". Der kann sich - und sei es mit ganz tiefem Erstaunen über so viel Einflußmöglichkeiten - der Fähigkeit, mit seiner phänomenalen Welt zu experimentieren, bewußt werden und dabei "produktiv und aufrichtig" werden.

Gestaltpsychologen waren und sind zuallererst Erkenntnistheoretiker. Praktische erkenntnistheoretische Fragestellungen waren die Ausgangspunkte ihrer psychologischen Experimente. "*Nichts ist so praktisch wie eine gute Theorie*" war einer von Lewins Grundsätzen. Und das bedeutet, in Übereinstimmung mit den anderen Begründern der Gestalttheorie, daß es von höchster Bedeutung ist, sich darüber Rechenschaft abzulegen, wie man hinschaut, wie man sieht, wie man wahrnimmt, warum man dieses oder jenes wahrnimmt und nicht etwas anderes, was man weshalb untersucht oder weshalb nicht. Deshalb stand phänomenologisch orientierte Denk- und Wahrnehmungspsychologie am Anfang der Gestaltpsychologie. Auf Wertheimers Untersuchungen, wie der Mensch die Welt wahrnimmt, aufbauend, wagte Lewin den Schritt zur experimentellen Untersuchung, wie er sich in der Welt bewegt (vgl. Metzger, 1975). Und damit entfernte er sich nicht von Wertheimer, Köhler und Koffka, sondern damit blieb er ihnen in ihrem tiefsten Anliegen verbunden, dem, herauszufinden, welches die grundlegenden Bedingungen menschlicher Existenz sind. Köhler ging es nicht zuletzt um die Klärung der (psychophysischen) Grundlagen der Entstehung und Veränderung menschlicher Werte (1938, deutsch: 1968); und Wertheimer scheute sich, wie dieser

Band belegt, nicht, auf kritisch-realistischer Logik aufbauend, ohne etwa in Widerspruch zu Köhler zu geraten, zu grundlegenden Problemen des menschlichen Zusammenlebens Stellung zu nehmen, einen Beitrag zu einer angemessenen Theorie der Ethik zu leisten, wohlgemerkt, nicht zu einer Theorie der Ethik-*en*, wie sie auch heute noch gängiges Ethikverständnis in der Psychologie nahelegt. Erfolgversprechender mag es ihm im Rahmen der Psychologie schließlich erschienen sein, statt dessen von "*Produktivem Denken*" zu sprechen (vgl. 1945, deutsch: 1964^2). Aber für die Leser seiner Aufsätze in diesem Band kann klar werden, daß *produktives Denken* und Ethik sehr viel miteinander zu tun haben.

Wo ist heute in wissenschaftlich-psychologischen Publikationen etwas zu spüren von Wertheimers Differenzierungen des Wahrheitsbegriffs? In der Regel ist erkennbar, daß sie nicht einmal zur Kenntnis genommen worden sind, daß die alten Definitionen von "Wahrheit", deren Unzulänglichkeit Wertheimer nachgewiesen hat, ungebrochen die forscherische Praxis bestimmen. Zerrbilder der Wahrheit, der Wissenschaft, des Menschen hatten ihn aus Frankfurt am Main, aus Deutschland mit Frau und Kindern vertrieben. Wo ist heute, obwohl keine Gaskammern drohen, für die Studenten der Psychologie, für die jungen Wissenschaftler, die jungen Assistenten, die der Wille zur Wahrheit bewegt, etwas vom Willen zur Wahrheit zu spüren? Sie können es kaum glauben, wenn ihnen jemand im Machtbereich der Wissenschaft, der Universität begegnet, der menschliche Züge trägt, der ihren Gedanken Interesse entgegenbringt, der sich selbst in Frage stellt, der noch lebendig wirkt und nicht ex cathedra unverständliche Fakten absondert und in Prüfungen - im "multiple choice"-Verfahren gar - abfragt.

Ich hatte noch das Glück, sich dem Denken und Handeln ihres Lehrers verbunden wissenden Wertheimer-Schülern in Studium und Berufspraxis zu begegnen - Wolfgang Metzger und Edwin Rausch - ; ich habe als Prüfling bei Rausch noch eine Prüfung erlebt, in der sich der Prüfer für meine Gedanken interessierte, den Prüfungsstoff hintanstellte und von mir wissen wollte, wie ich zu meiner Meinung gekommen sei, warum mir die gerade erwähnte Interpretation und nicht irgendeine der vielen anderen möglichen so einleuchtend erscheine.

Vor allem als Lehrer entfaltete Max Wertheimer seine Fähigkeiten, vermochte er andere für die Sache der Psychologie, für die Auseinandersetzung mit den Möglichkeiten und Grenzen menschlicher Existenz zu begeistern. Das bestätigen viele seiner Schüler (Arnheim, Asch, Luchins, Metzger, Rausch u. a.).

Schreiben, um zu publizieren (auch heute das A und O einer wissenschaftlichen Karriere) war nicht seine Sache. Die Arbeiten aber, die er veröffentlichte, und unter ihnen vor allem seine Arbeiten in diesem Band, sind Beispiele seiner Freiheit, so zu schreiben, so Wissenschaft zu treiben, wie er es für angemessen hielt, wie er es sich damals wie heutzutage hätte verkneifen müssen, wäre es darum gegangen, Reputation als experimenteller und empirischer Psychologe zu erlangen. Deshalb sind sie nicht schon längst in deutscher Sprache erschienen. Ich halte es für ein bezeichnendes Mißverstehen dieser vier Arbeiten, wenn man sie verbunden mit einem Bedauern darüber erwähnt, die äußeren Umstände der Emigration hätten ihn daran gehindert, weitere "experimentelle" Arbeit zu leisten. Ich bin vielmehr davon überzeugt, daß er die Aufsätze in diesem Band nicht weniger als sein (erst posthum veröffentlichtes) Buch über "*Produktives Denken*" als Ergebnisse seines Bemühens ansah, im besten Sinne experimenteller und empirischer Psychologe zu sein: Die Einsicht, daß auch - oder vielmehr vor allem anderen - ein Denkexperiment ein Experiment ist, ist aber heute so wenig wie zu Wertheimers Zeit in sich als wissenschaftliche verstehenden psychologischen Kreisen selbstverständlich; deshalb ist er so aktuell!

Was war es, was ihn vom Publizieren abhielt, was ihn bewog, lieber ein seine Zuhörer faszinierender Lehrer zu sein (was ja heute kein Wissenschaftler, der was auf sich hält, sein will) und, wie Metzger (in Pongratz, Hg., 1972, 208) berichtet, lieber andere seine Gedanken schriftlich formulieren zu lassen? Michael Wertheimer hat es m. E. richtig gesehen: eine Sprache, die "weitgehend stückhaften Folgecharakter" hat. Ich möchte ergänzen: eine Sprache, die reduziert ist auf Faktisches, auf "Wenn ..., dann...", der die umfassendere Wahrheit (*W*) zugunsten der stückhaften Wahrheit (*w*) entgleitet, die der unmittelbaren Nachvollziehbarkeit des Gemeinten beraubt ist, weil sie sich keiner Analogien, keiner Bilder bedienen darf. Aber was sind experimentelle Settings anderes als nachgestellte Bilder? Wer das als Experimentator nicht begriffen hat, weiß nicht, was er tut, was er untersucht. Deshalb hilft es nichts, die Armut wissenschaftlicher Sprache zu bedauern, weil sie z. B. für psychotherapeutische Arbeit nicht ausreiche, im übrigen aber davon auszugehen, daß wissenschaftliche Sprache nun einmal so sei. Sie kann ja ganz anders sein, wie Wertheimer unter Beweis stellt.

Wertheimers Aufsätze enthüllen sein aktuelles Geheimnis: In ihnen begegnet einem kein großartiger Selbstdarsteller, dessen Meisterschaft vor allem in der schwindelerregenden Abstraktionsleistung besteht, sich selbst, ohne auch nur einmalige Benutzung des Wörtchens "Ich", unentwegt selbstzufrieden auf die Schulter zu klopfen. Das war nicht seine Sache. Hingegen begegnet einem die Sache der Psychologie, der Mensch, in immer neuen konkreten und anschaulichen Beispielen. Diese Beispiele nehmen einen gefangen, fordern einen zum Selber-genau-Hinschauen heraus, zur Stellungnahme, zur Einsicht. Allein das schon macht ihn unübertrefflich aktuell, veranschaulicht, was wirklich empirisch, wirklich experimentell, wirklich wissenschaftlich ist.

Es ist gar nicht die Frage, ob eine bildreiche, eine anschauliche Sprache wissenschaftlich zulässig ist oder nicht. Die Frage ist, ob sich der schreibende Wissenschaftler als Mensch zu erkennen gibt oder nicht. Gibt er sich zu erkennen, vorbehaltlos, wird seine Sprache ganz von selbst konkret und anschaulich; und wird *er* greifbar, also auch angreifbar. Wertheimer gibt sich als Mensch und Wissenschaftler zu erkennen und führt so immer wieder aufs Neue die geistesschwache Schutzbehauptung von ihrer Aufgabe zu seiner Zeit wie heute nicht gewachsenen psychologischen Forschern ad absurdum, wonach empirisch-experimentelle psychologische Forschung die eine (vorrangige) und Philosophie, Erkenntnistheorie, Ethik, die grundsätzliche Frage danach "Was ist der Mensch" oder auch "Was für Menschen sind imstande, angemessen Wissenschaft zu betreiben?", eine ganz andere Sache sei, jedenfalls keine Psychologie.

Wohin dieses Auseinanderklaffen führt, wird in der Lage der gegenwärtigen Psychologie augenfällig. Sie definiert sich, wie ein Blick in die wahrscheinlich auflagenstärkste psychologisch-wissenschaftliche Zeitschrift des deutschen Sprachraums, die "Psychologische Rundschau" (40. Jahrg., Heft 4, Oktober 1989), offenbart, in der Dokumentation einer hoch-polemischen und teilweise - vor allem, wo es um die entscheidenden Denkvoraussetzungen wissenschaftlichen Tuns geht - ultra-abstrakten Auseinandersetzung über den begrifflichen Zusammenhang von Kognition und Emotion zwischen klügeren und dümmeren psychologischen Lehrstuhl-Inhabern. Dabei machen m. E. die mit der Gestalttheorie nicht Unvertrauten (Bischof, Dörner) die bessere Figur. Bischof (203/4) schreibt:

" *'Beschreibung' ist dabei nicht das, als was sie gern denunziert wird: Kuhäugige Anfertigung von Strichlisten über belanglose Kleindetails. Schon eher hat sie etwas mit der ebenfalls vielgeschmähten anekdotischen Beobachtung zu tun, sofern diese einer Gestaltwahrnehmung entspringt .... .*
Was eigentlich gefordert wird, ist die Überwindung der Berührungsscheu vor dem Gegenstand, ..., bevor man mit Wissenschaft beginnt. Nur der Kenner ist dagegen gefeit, Theorien 'konstruieren' zu müssen, die, wie so viele unserer Theorien, ohne Realitätsbezug und daher auch ohne Selbstachtung im luftleeren Raum driften.

Der reaktive Hochmut, mit dem wir dann dem Common Sense begegnen, liefert uns just dem aus, was wir verachten: Die Oberfläche der Erscheinungen, von der wir uns geringschätzig abwenden, ist das einzige, was uns von den Sachen im Gedächtnis bleibt, wenn wir uns viel zu früh ins Labor oder an den Schreibtisch zurückziehen, und schlägt sich dann prompt nieder in der Banalität des wissenschaftlichen Ertrags."

Das hätte ich unter Hinweis auf die Aktualität Wertheimers gewiß nicht treffender sagen können. Der Teilnehmer am Diskussionsforum zu Bischofs Vortrag, Dörner, ergänzt noch mit dem Hinweis, daß ihm zwar Bischofs Definition der Kognition nicht gefalle, aber an diesem Begriff ohnehin nichts mehr zu retten sei: "*Warten wir auf die nächste 'Wende*'" (208)! Die Rückbesinnung auf Wertheimers "*Produktives Denken*" würde schon weiterhelfen. Auch der Begriff "Kognition" ließe sich dann wieder, ohne daß man sich schämen müßte, verwenden. Es wäre vermeidbar gewesen, diesen Begriff zum Verdummungsbegriff verkommen zu lassen (vgl. Walter, 1977[1], 1985[2], 132/33). Unverständlich ist mir geblieben, was Bischof veranlaßt hat, in seiner Replik auf die Diskussionsbeiträge zu seinem Aufsatz, Gemeinsamkeit zu beschwören, wo es keine gab, und nicht vor allem die Fremdworte "Gestalt" und "Gestaltwahrnehmung" wieder einmal zu erläutern.

Wertheimers Arbeiten, die in diesem Band wie seine übrigen, sind in Form und Inhalt anschaulich, direkt und konkret; sie sind wie sein Denken "*nicht linear, auch nicht zirkulär, nicht einmal in der Form einer ansteigenden Spirale. Vielmehr ging es gleichzeitig in viele Richtungen auf einmal, immer das Ganze, seine konstituierenden Teile und den allgemeinen Zusammenhang im Sinn behaltend*" (Mich. Wertheimer). Genau dies ist *produktives Denken*, wie er es verstand und im einzigen Buch, das er je geschrieben hat, an vielen Beispielen - anhand von Rechenaufgaben über zwischenmenschliche Problemsituationen bis zum "*Denken, das zur Relativitätstheorie führte*" - erläuterte. Deutlicher als in dieser Charakterisierung kann seine gegenwärtige Aktualität gar nicht zum Ausdruck kommen. Denn die heute gebräuchlichen und favorisierten Modelle psychologischen Forschens haben eine große Affinität zum linearen (und eindimensionalen) Denken, dem sich die Art von Mehrdimensionalität, um die es bei der Anwendung "faktorenanalytischer Modelle", aber auch der (noch moderneren) "kybernetischen" oder "Netzwerk-Modelle" geht, ohne Schwierigkeiten unterordnen läßt. In seinen hier vereinten Aufsätzen über Wahrheit, Ethik, Demokratie und Freiheit nennt Wertheimer eine Fülle von Beispielen für die verhängnisvolle Dominanz linearen Denkens unter Wissenschaftlern, die heute nicht weniger treffend sind, als sie es einmal waren.

Und wenn heute die Herrschaft des linearen wissenschaftlichen Denkens in Frage gestellt ist, dann durch den Vormarsch dezidiert zirkulären Denkens, pikanterweise in Verbindung mit der Propagierung einer Eigenschaft des Menschen, die auf den ersten Blick dem, was Wertheimer unter "Freiheit" versteht, sehr ähnlich erscheint. Ich meine die "Theorie der Autopoiese" des chilenischen Neurophysiologen H. R. Maturana. Ihr zufolge bedeutet "Selbstorganisation" in bezug auf "lebende Systeme", daß diese zwar energetisch offen, semantisch aber geschlossen sind: "*Was in einem lebenden System vor sich geht, entspricht dem Verfahren des Fluges nach Bordinstrumenten, wo der Flugzeugführer keinerlei Zugang zur Außenwelt hat, sondern nur eben auf die Informationsdaten der Instrumente reagiert. Kommt er dann an und steigt aus, so ist er verblüfft, wenn seine Freunde ihm zu dem glatten Flug und der Landung gratulieren, die er völlig im Dunkeln ausgeführt hat*" (Maturana und Varela: Autopoiesis and Cognition, 1980, 51; zitiert nach Arnheim, 1989, 139; vgl. auch Walter, 1988). Der Wertheimer-Schüler Arnheim erkennt in diesem Menschenbild den Einfluß einer alten Entfremdungsphilosophie, "*wonach es keine objektiv existierende Welt gibt. Es gibt keine verbindliche Wahrheit, keine tatsächlichen Werte, keine inhärente Bedeutung - ein schreckenerregendes Beispiel von dem, was Wolfgang Köhler 'die Zwangsvorstellungen normaler Menschen' genannt hat*" (1989, 192/3).

Wie bei Wertheimer die Theorie des *"Produktiven Denkens"* seine Art des Denkens, seinen Freiheitsbegriff widerspiegelt, so spiegelt die Theorie der Autopoiese die Denkweise und das Freiheitsverständnis ihres Urhebers und seiner Anhänger: Dort das Denken jemandes, dem das Absehen-Können von sich selbst um der umfassenderen Wahrheit willen höchster Wert ist, der sich als bewußten und verantwortlichen Teil des umfassenderen ("physi[kali]schen") Makrokosmos versteht, hier das Denken derer, für die es ein Unding ist, von sich selbst abzusehen, die sich ausgeliefert und ohne Verantwortung einer unverstehbaren Realität außerhalb ihrer selbst gegenübersehen - dort jemand, für den Freiheit nur ein sinnvoller Begriff ist als *"Freiheit, das Rechte zu tun"* (wie es der Wertheimer-Schüler Metzger kurzfaßt), hier die "Autopoietiker", die sich selbst aus der Freiheit heraus erzeugen, Beliebiges zu denken und zu tun.

Wertheimer brächte sicher viel Verständnis für die Formulierung einer solchen Auffassung auf, wäre sie als persiflierende Antwort auf die zirkulären Auswüchse wissenschaftlichen Denkens seiner Zeit gedacht: etwa auf die Thesen des "Determinismus" mit ihren relativistischen Implikationen in Philosophie und Psychologie, die heute wie zu seiner Zeit in vielen Köpfen spuken. Jedenfalls scheint deren Widersprüchlichkeit bei den Thesen des sogenannten "radikalen Konstruktivismus", wie die Theorie der Autopoiese auch bezeichnet wird, Pate gestanden zu haben.

Spiralförmig zu denken war ebenfalls nicht Wertheimers Sache, wohl, weil er sich dem scheinwissenschaftlichen Zwang, unablässig "Fortschritte" zu machen, nicht, auch nicht in gefälligerer Form, zu unterwerfen vermochte: Er dachte lieber hin und her und vor und zurück, nach oben und nach unten oder noch einmal dasselbe von Anfang an auf der Stelle, wo ihn sein Spürsinn festhielt, so lange da etwas unklar, beunruhigend im Grunde war, und dabei blieb ihm die klassische Logik ein verläßliches Werkzeug, so sehr er diejenigen kritisierte, die sie für die Sache selbst hielten (vgl. Metzger in Pongratz u. a., Hg., 1972, 195).

Es mag, es soll bedrücken, daß die Aktualität Wertheimers bis hierher nur an Defiziten der gegenwärtigen Wissenschaft Psychologie veranschaulicht wurde. Sollte es aber wirklich keine erfreulichen Anlässe geben, auf die Aktualität Wertheimers hinzuweisen? Doch, es gibt sie.

Ein bescheiden erfreulicher Anlaß besteht darin, daß es heute, 52 Jahre nach dem erstmaligen Erscheinen von Wertheimers Artikel "*Zum Demokratiebegriff*" einen Leitartikler gibt, der sich auf dem Erkenntnisniveau Max Wertheimers über den Zustand unserer Demokratie Gedanken macht. Das Ergebnis seiner kritischen Betrachtung ist allerdings wiederum nicht eben erfreulich. Anton-Andreas Guha schreibt (*Frankfurter Rundschau* v. 30. 5. 89, Seite 3):

"Die Idee der Demokratie beruht auf der Annahme, daß die übergroße Mehrheit der Staatsbürger in der Lage ist, die Belange des Staates mit Hilfe einer freien, kritischen Presse zu erkennen, zu reflektieren und über sie zu entscheiden .... Sowohl das Volk als auch seine gewählten Repräsentanten, so unterstellt die Idee der Demokratie, sind in der Lage, das Gemeinwohl (man könnte auch sagen das Vernünftige) trotz oft heterogener Interessen zu erkennen und politisch durchzusetzen. In dieser Logik ist die Mehrheitsentscheidung die richtigere und realistischere, wobei der Minderheit die Chance eingeräumt wird, mehrheitsfähig zu werden.
Genau hier zeigt sich das Dilemma auch der demokratischen Staatsform. ... Die Unzulänglichkeit ergibt sich aus der Komplexität und Undurchschaubarkeit der Strukturen und Funktionsweisen in modernen Industriegesellschaften. Der 'normale' Staatsbürger ist längst überfordert, zumal Experten selbst nur noch Teilgebiete überblicken. Aber je komplexer eine Gesellschaft ist, desto leichter hat es die Interessenlobby, ihre eigennützigen Ziele mit dem Gesamtwohl zu identifizieren, weil es an alternativen Argumenten fehlt. Der 'mündige' Staatsbürger, die Presse und auch die Parlamente stehen diesem Informationsvorsprung oft hilflos gegenüber."

Weil Wertheimer vor 50 Jahren solche Gefahren sah, setzte er sich mit den Möglichkeiten auseinander, staatliche, gesellschaftliche Entwicklungen wissenschaftlich zu erforschen, Gefahren zu erkennen und angemessene Korrekturen vorzuschlagen.

Es gab seit dem Tode Wertheimers, 1943, und gibt bis heute viele psychologisch Forschende, die in seinem Sinne "aufrichtig und produktiv" waren und sind; gar nicht so selten waren und sind es Forscher, in deren "wissenschaftlichem Stammbaum" der Name Wertheimer - oder auch Köhler, Koffka, Lewin, Duncker, Metzger, Arnheim, Rausch - fehlt, während andererseits manche, die ihn mit diesen Namen schmücken, sich den ethischen Ansprüchen, mit denen der gestalttheoretische Ansatz steht und fällt, nicht gewachsen zeigen und, nach Reputation lechzend, wie Bischof sagt (vgl. Zitat oben), "*ohne Selbstachtung im luftleeren Raum driften*". Die erfreulichen Forschungsarbeiten zu nennen, die den Ansprüchen Wertheimers gerecht werden, hätte keinesfalls weniger Platz eingenommen als die Erörterung der Mängel psychologischer Forschung. Aber es hätte nicht weniger bedrückend gemacht, daß der Hauptstrom der Wissenschaft Psychologie all diese Arbeiten mehr oder weniger an den Rand gedrängt und zur Bedeutungslosigkeit verurteilt hat.

Wertheimer wurde 1988 von der "Deutschen Gesellschaft für Psychologie" (DGfPs), der Vereinigung derer, die in der deutschen akademischen Psychologie Rang und Namen haben, posthum - 45 Jahre nach seinem Tod - die "Wilhelm-Wundt-Medaille" verliehen. Das könnte ein Zeichen sein dafür, daß in der deutschen Nachkriegspsychologie sträflich Vernachlässigtes, sträflich Verschwiegenes, sträflich Mißverstandenes und Mißachtetes wieder zur Geltung kommen soll.

Literatur

Arnheim, R. (1989): Die verschwindende Welt und Köhlers Tintenfaß. *Gestalt Theory,* 11, Nr. 3, 191-198.

Bischof, N. (1989): Emotionale Verwirrungen. Oder: Von den Schwierigkeiten im Umgang mit der Biologie. *Psychologische Rundschau,* 40, Heft 4, 188-205.

Brockhaus, Der große -, Kompaktausgabe (1984), Bd. 17, 291.

Dörner, D. (1989): Emotion, Kognition und Begriffsverwirrungen: Zwei Anmerkungen zur Köhler-Vorlesung von Norbert Bischof. *Psychologische Rundschau,* 40, Heft 4, 206-209.

Guha, A.-A. (1989): Die Vernunft der Minderheiten. *Frankfurter Rundschau* v. 30. 5. 89, Seite 3.

Köhler, W. (1938; deutsch: 1968): Werte und Tatsachen. Berlin, Heidelberg, New York: Springer.

Metzger, W. (1975): Gestalttheorie und Gruppendynamik. *Gruppendynamik,* 6, Heft 5, 311-331.

Pongratz, L. J.; W. Traxel; E. G. Wehner (Hg., 1972): Psychologie in Selbstdarstellungen. Bern, Stuttgart, Wien: Huber.

Walter, H.-J. (1977[1], 1985[2]): Gestalttheorie und Psychotherapie. Ein Beitrag zur theoretischen Begründung der integrativen Anwendung von Gestalt-Therapie, Psychodrama, Gesprächstherapie, Tiefenpsychologie, Verhaltenstherapie und Gruppendynamik. Wiesbaden: Westdeutscher Verlag.

Walter, H.-J. (1988): Sind Gestalttheorie und Theorie der Autopoiese miteinander vereinbar? Gestalt Theory, 10, Nr. 1. 57-70.

Wertheimer, Max (1945; deutsch: 1964): Produktives Denken. Frankfurt: W. Kramer.

Wertheimer, Max: Beiträge in diesem Band.

Wertheimer, Mich.: Beitrag in diesem Band.

Verzeichnis der Schriften von Max Wertheimer

1. Psychologische Tatbestandsdiagnostik (mit J. Klein). *Archiv für Kriminalanthropologie und Kriminalistik*, 1904, 15, 72-113.
2. Experimentelle Untersuchungen zur Tatbestandsdiagnostik. *Archiv für die gesamte Psychologie*, 1905, 6, 59-131. Auch als Einzelveröffentlichung (Inaugural-Dissertation). Leipzig: Engelmann, 1905 (1-70).
3. Über die Assoziationsmethoden. *Archiv für Kriminalanthropologie und Kriminalistik*, 1906, 22, 293-319.
4. Zur Tatbestandsdiagnostik: eine Feststellung. *Archiv für die gesamte Psychologie*, 1906, 7, 139-140.
5. Tatbestandsdiagnostische Kombinationsversuche (mit O. Lippmann). *Zeitschrift für angewandte Psychologie*, 1907, 1, 119-128.
6. Musik der Wedda. *Sammelbände der internationalen Musikgesellschaft*, 1910, 11, 300-309.
7. Über das Denken der Naturvölker: 1. Zahlen und Zahlgebilde. *Zeitschrift für Psychologie*, 1912, 60, 321-378. Wiederabgedruckt in Nr. 15. Gekürzte Übersetzung in Ellis, W. D: (Hg.), A sourcebook of gestalt psychology. New York: Harcourt, Brace, 1938 (265-273).
8. Experimentelle Studien über das Sehen von Bewegung. *Zeitschrift für Psychologie*, 1912, 61, 161-265. Wiederabgedruckt in Nr.15. Auch als Habilitationsschrift veröffentlicht, Leipzig: Barth, 1912. Gekürzte Übersetzung in Shipley, T. (Hg.), Classics in modern psychology. New York: Philosophical Library, 1959 (Kap. 31).
9. Über Schlußprozesse im produktiven Denken. Berlin: de Gruyter, 1920. Wiederabgedruckt in Nr. 15. Gekürzte Übersetzung in Ellis, W. D. (Hg.), A sourcebook of gestalt psychology. New York: Harcourt, Brace, 1938 (274-282).
10. Über die Wahrnehmung der Schallrichtung (mit E. M. von Hornbostel). Sitzungsberichte der preussischen Akademie der Wissenschaften, Berlin: 1920, 20, 388-396.

11. Untersuchungen zur Lehre von der Gestalt: I. Prinzipielle Bemerkungen. *Psychologische Forschung*, 1922, 1, 47-58. Gekürzte Übersetzung in Ellis, W. D. (Hg.), A sourcebook of gestalt psychology. New York: Harcourt, Brace, 1938 (12-16).
12. Bemerkungen zu Hillebrands Theorie der stroboskopischen Bewegungen. *Psychologische Forschung*, 1923, 3, 106-123.
13. Untersuchungen zur Lehre von der Gestalt: II. *Psychologische Forschung*, 1923, 4, 301-350. Gekürzte Übersetzung in Ellis, W. D. (Hg.), A sourcebook of gestalt psychology. New York: Harcourt, Brace, 1938 (71-88); und in Beardslee, D. C.; Wertheimer, Mich. (Hg.), Readings in perception. New York: Van Nostrand, 1958 (115-135).
14. Über Gestalttheorie. Vortrag vor der Kant Gesellschaft Berlin, am 17. Dezember 1924. *Symposion: Philosophische Zeitschrift für Forschung und Aussprache*, 1925, 1, 39-60. Auch als Einzelveröffentlichung: Erlangen: Philosophische Akademie, 1925. Gekürzte Übersetzung in Ellis, W. D. (Hg.), A sourcebook of gestalt psychology. New York: Harcourt, Brace, 1938 (1-11). Vollständige Übersetzung in *Social Research*, 1944, 11, 78-99.
15. Drei Abhandlungen zur Gestalttheorie. Erlangen: Philosophische Akademie, 1925 (besteht aus den wiederabgedruckten Veröffentlichungen 7, 8, und 9). Reprographischer Nachdruck, Darmstadt: Wiss. Buchgesellschaft, 1967.
16. Gestaltpsychologische Forschung. In Saupe, E. (Hg.), Einführung in die neuere Psychologie (Bd. 3 der Handbücher der neueren Erziehungswissenschaft). Osterwiek a/H.: 1. Aufl., 1927 (46-53); 2. und 3. Aufl., 1928 (47-54); 4. und 5. Aufl., 1931 (44-51).
17. Tatbestandsdiagnostik. In Abderhalden, E. (Hg.), Handbuch der biologischen Arbeitsmethoden. Berlin: Urban und Schwarzenberg, Sektion 6, Abt. C2 (1105-1111), 1933.
18. Zu dem Problem der Unterscheidung von Einzelinhalt und Teil. *Zeitschrift für Psychologie*, 1933, 129, 353-357. Übersetzung in Wertheimer, Mich. (Hg.), Productive thinking. New York: Harper, 1959 (Appendix, 260-265).

19. On truth. *Social research*, 1934, 1, 135-146. Wiederabgedruckt in Henle, M. (Hg.), Documents of gestalt psychology. Los Angeles: University of California Press, 1961.

20. Some problems in the theory of ethics. *Social Research*, 1935, 2, 353-367. Wiederabgedruckt in Henle, M. (Hg.), Documents of gestalt psychologie. Los Angeles: University of California Press, 1961.

21. On the concept of democracy. In Ascoli, M. und Lehmann, F. (Hg.), Political and economic democracy. New York: Norton, 1937 (271-283). Wiederabgedruckt in Henle, M. (Hg.), Documents of gestalt psychology. Los Angeles: University of Calfornia Press, 1961.

22. A story of three days. In Anshen, Ruth N. (Hg.), Freedom: its meaning. New York: Harcourt, Brace, 1940 (555-569). Wiederabgedruckt in Henle, M. (Hg.), Documents of gestalt psychology. Los Angeles: University of California Press, 1961.

23. Productive thinking. New York: Harper, 1945. Ins Japanische übersetzt von T. Yatabe; in Tokio veröffentlicht von I. G. Sosho, 1952. Ins Deutsche übersetzt von W. Metzger; in Frankfurt a.M. veröffentlicht von W. Kramer, 1957 und 1964. Erweiterte englische Ausgabe von Mich. Wertheimer, New York: Harper, 1959; neu herausgegeben: University of Chicago Press, 1982.

24. On discrimination experiments: I. Two logical structures. (Spätes undatiertes Manuskript, herausgegeben von Lise Wertheimer.) *Psychological Review*, 1959, 66, 252-266.

Bemerkungen, Zusammenfassungen und Buchbesprechungen

25. Über experimentell-psychologische Analyse einiger hirnpathologischer Erscheinungen. In F. Schumann (Hg.), Bericht über den V. Kongreß für experimentelle Psychologie. Leipzig: Barth, 1912 (Zusammenfassung).

26. Über hirnpathologische Erscheinungen und ihre psychologische Analyse. *Münchener Medizinische Wochenschrift*, 1913, 60,

2651-2652 (Zusammenfassung von Wertheimers Rede auf der 1658. regulären Tagung der Medizinischen Gesllschaft in Frankfurt a. M.).

27. Diskussion von R. H. Goldschmidts Papier auf der 86. Versammlung deutscher Naturforscher und Ärzte in Bad Nauheim, vom 19.-25. September 1920. *Neurologisches Centralblatt*, 1920, 39, S. 748 (Bemerkung).
28. Buchbesprechung von Vera Strasser: Psychologie der Zusammenhänge und Beziehungen. (Berlin: Springer, 1921.) *Psychologische Forschung*, 1922, 2, S. 384.
29. Buchbesprechung von P. Häberlin: Der Gegenstand der Psychologie. (Berlin: Springer, 1921) *Psychologische Forschung*, 1922, 2, 384-385.
30. Buchbesprechung von E. H. Sanders: Over den invloed van vermoienis op de optische schijnbewegingen. (*Nederl. Tijdschr. voor Geneeskunde*, 1921, II. No. 15.) *Psychologische Forschung*, 1923, 3, 175-176.
31. Buchbesprechung von P. Schilder: Über elementare Halluzinationen des Bewegungssehens. (*Zeitschrift für die gesamte Neurologie und Psychiatrie*, 1922, Nr. 80.) *Psychologische Forschung*, 1923, 3, 176-177.
32. Buchbesprechung von R. Thurnwald: Psychologie des primitiven Menschen. (In G. Kafka, Hg., Handbuch der vergleichenden Psychologie, 3 Bände, München: E. Reinhardt, 1922.) *Psychologische Forschung*, 1924, 4, S. 207.
33. Buchbesprechung von H. Rothschild: Über den Einfluß der Gestalt auf das negative Nachbild ruhender visueller Figuren. (*Gräfes Archiv für Ophthalmologie*, 1923, 112, 1-28.) *Psychologische Forschung*, 1924, 5, 365-367.
34. Zum Problem der Schwelle. Bericht über den VIII. Internationalen Kongreß für Psychologie, 1926. Groningen: P. Noordhoff, 1927, S. 447 (Zusammenfassung).
35. Vorwort zu Katona, G.: Organizing and memorizing. New York: Columbia University Press, 1940 (v-vii).

Über den Herausgeber

Hans-Jürgen P. Walter, geb. 1944, Dipl.-Psych., Dr. phil., arbeitet in freier Praxis als Klinischer Psychologe und Lehrtherapeut für Gestalttheoretische Psychotherapie; Lektor am Institut für Psychologie, Abt. f. Angewandte Psychologie der Universität Wien; Mitbegründer und 2. Vorsitzender der "Gesellschaft für Gestalttheorie und ihre Anwendungen e. V." (GTA), Mitherausgeber der Zeitschrift "Gestalt Theory" und 1. Vors. der GTA-Sektion Psychotherapie, in deren Rahmen Weiterbildungsgänge für klinisch-psychologische Qualifikation angeboten werden. Im Westdeutschen Verlag bereits früher erschienen ist vom Herausgeber: *Gestalttheorie und Psychotherapie. Ein Beitrag zur theoretischen Begründung der integrativen Anwendung von Gestalt-Therapie, Psychodrama, Gesprächstherapie, Tiefenpsychologie und Gruppendynamik.* Opladen 1985 (2., erweiterte Auflage, XIV + 309 Seiten).

Aus dem Programm Psychologie

Hans-Jürgen Walter

Gestalttheorie und Psychotherapie

Ein Beitrag zur theoretischen Begründung der integrativen Anwendung von Gestalt-Therapie, Psychodrama, Gesprächstherapie, Tiefenpsychologie, Verhaltenstherapie und Gruppendynamik.

2., erw. Aufl. 1985. XIV, 309 S. (WV studium, Bd. 138) Pb.

ISBN 3-531-22138-8

Hans-Jürgen Walter stellt einen klinisch-psychologischen Ansatz vor, der seine Wurzeln in der Tradition einer der bedeutendsten psychologischen Richtungen hat: die Gestalttheorie der Berliner Schule und der daraus hervorgegangenen Feldtheorie Kurt Lewins.

In einer vergleichenden Auseinandersetzung mit den Methoden und Theorien der wichtigsten psychotherapeutischen Schulen der Gegenwart zeigt sich die große Spannweite der Gestalttheorie. Ihre Integrationskraft befähigt sie zu konkreter Weiterentwicklung auf therapeutisch-praktischem und theoretischem Gebiet.

Die 2. Auflage des Werkes ist um einen 4. Teil erweitert, in dem die Beziehungen der Gestalttheorie zu den wichtigsten psychotherapeutischen Strömungen zusammenfassend behandelt werden.

Walter Schurian

Psychologie des Jugendalters

Eine Einführung.

1989. 250 S. (WV studium, Bd. 9.154) Pb.

ISBN 3-531-22154-X

Die „Psychologie des Jugendalters" gliedert sich in zwei Teile: Sozialisation und Individuation. Damit sind einerseits allgemeine, biologisch bestimmte Eigenschaften und andererseits besondere umweltbedingte Eigenschaften und Verhaltensweisen gemeint. Der Schwerpunkt liegt auf den Wahrnehmungen Jugendlicher. Außerdem werden Unterschiede zwischen Jugendlichen aus der Mittelschicht und aus der Arbeiterschicht behandelt; diese zeigen sich etwa im dissoziativen und assoziativen Verhalten. Eingegangen wird auch auf das ästhetische Verhalten von Jugendlichen heute sowie auf jugendfeindliche Tendenzen von Seiten Erwachsener. Dieses Buch ist eine Einführung, zu deren Verständnis keine Vorkenntnisse in Psychologie oder Entwicklungspsychologie notwendig sind.

WESTDEUTSCHER VERLAG

Postfach 58 29 · D-6200 Wiesbaden